Kultbuch
SCHOTTLAND

Matthias Vogt

Kultbuch SCHOTTLAND

Alles, was wir lieben: von Auld Lang Syne bis zum Whisky

Abbildungsnachweis

© KOMET Verlag GmbH, Köln
Alle Rechte vorbehalten
Text: Matthias Vogt
Gesamtherstellung: KOMET Verlag GmbH, Köln

ISBN 978-3-86941-402-7

www.komet-verlag.de

Inhalt

Vorwort

Der nördlichste Landesteil des Königreichs Großbritannien fasziniert durch seine Vielfalt: bedeutende Zeugnisse der Geschichte wie Melrose Abbey, Eilean Donan Castle oder der Stone of Scone, grandiose Landschaften wie auf den Hebriden oder den Shetlandinseln und lebendige Traditionen wie die Highland Games oder die Kirk, die Nationalkirche Schottlands. Er macht flächenmäßig rund ein Drittel des Staatsgebiets aus, etwa jeder zehnte Brite ist Schotte. Ob Whisky oder Tartan, Loch Ness oder Golf, an Kultigem ist das geschichtsträchtige Land, das an seiner – nach Ansicht der Schotten – „zwangsweisen" Vereinigung mit England aus Gewohnheit leidet, besonders reich. Angefangen hat das Geschäft mit dem Kult schon 1822, als Georg IV., König von Großbritannien, seinen schottischen Untertanen einen Besuch abstattete. 200 Jahre hatte sich kein Monarch mehr in Edinburgh blicken lassen, nun war es Zeit, etwas fürs Image des nicht sonderlich beliebten Königshauses zu tun. Der schottische Erfinder des historischen Romans, Sir Walter Scott, inszenierte die Visite mit allem, was seiner Meinung nach dazu gehörte: Schottenmuster, wohin man sah, die Clan-Häuptlinge in voller Montur, Dudelsackpfeifer bis zum Abwinken und ein König im Kilt. Ob diesem auch Haggis, das schottische Nationalgericht, vorgesetzt wurde, ist nicht überliefert. Der Besuch war ein voller Erfolg, die Zeiten vergessen, als ein Rob Roy, „Braveheart" William Wallace oder Bonnie Prince Charlie gegen England aufbegehrten, Zeiten, in denen Schottlands Monarchin Maria Stuart durch die englische Kollegin Elisabeth I. ihren Kopf verlor. Auch wenn der durch Shakespeare verewigte Macbeth mordlüstern, das Massaker von Glen Coe besonders blutig, die Schlacht von Culloden Moor ein brutales Gemetzel war: Der Schotte an sich ist zwar konfliktbereit, jedoch friedlich, humorvoll und – trotz eines sich hartnäckig haltenden Klischees – zwar sparsam, aber keinesfalls geizig.

Auld Lang Syne

Das berühmte Lied ist auch als „Abschiedslied" der Pfadfinder um die ganze Welt gezogen.

Die Melodie ist auf der ganzen Welt bekannt, zu ihr wurde die koreanische Nationalhymne genauso gesungen wie ein Kampflied italienischer Fußballfans. Doch nur mit folgendem Text ist das schottische Original komplett:

ältere Dichtungen verarbeitete. Ihm zu Ehren werden die Verse von Traditionalisten jedes Jahr an seinem Geburtstag, dem 25. Januar, gesungen. In den meisten angelsächsischen Ländern folgt man jedoch einem anderen schottischen Brauch: Dort wird mit dem Singen des melancholischen Ab-

Should auld acquaintance be forgot,
and never brought to mind?
Should auld acquaintance be forgot,
and auld lang syne?
CHORUS:
For auld lang syne, my jo,
for auld lang syne,
we'll tak a cup o' kindness yet,
for auld lang syne.

Sollte denn alte Bekanntschaft vergessen sein
Und ihrer nicht mehr gedacht werden?
Sollte denn alte Bekanntschaft vergessen sein
Und die längst vergangenen Zeiten?
REFRAIN:
Der lange zurückliegenden Tage wegen,
mein Lieber,
Der lange zurückliegenden Tage wegen,
Lass uns zueinander recht freundlich sein,
Der lange zurückliegenden Tage wegen.

Die englische Königin Elisabeth II. demonstriert die korrekte Handhaltung beim Singen des Liedes: Nur bei der letzten Strophe werden die Hände über Kreuz gehalten.

Die zweihundert Jahre alten Verse zu der volkstümlichen Melodie stammen vom Nationaldichter Robert Burns, der darin – ganz sparsamer Schotte –

schiedsliedes jeweils zum Jahreswechsel den Verstorbenen des vergangenen Jahres gedacht.

 Balmoral

Balmorality – so lautet der Begriff für einen Baustil, der eigentlich keiner ist, denn hierbei handelt es sich vielmehr um einen Stilmix. Pittoresk und altertümlich sollten die so entstandenen Bauwerke aussehen, das war Ludig II. von Bayern ebenso wichtig wie einigen Neureichen in Glasgow und natürlich der britischen Königsfamilie bei ihrem Ferienschloss in Schottland – Balmoral. 1842 war Queen Victoria erstmals nach Schottland gereist. Ihre Begeisterung war sofort geweckt, besonders die Highlands hatten es ihr angetan. Die Wahl fiel auf ein kleines Schloss am Oberlauf des Dee, 70 Kilometer westlich von Aberdeen. Es lag ganz still und einsam, die bergige Landschaft erinnerte die Königin an den Thüringer Wald, die Gegend, aus der ihr Mann, Prinzgemahl Albert, stammte. Der aus dem 14. Jahrhundert stammende Bau, zu dem ein stattliches Stück Land von der Größe Frankfurts samt Dörfern, Wiesen und Wäldern gehörte, erwies sich bei genauer Betrachtung jedoch als zu klein, neben dem royalen Paar galt es, sieben Kinder nebst stattlichem Personal und Gefolge unterzubringen. Zusammen mit dem Stadtarchitekten von Aberdeen entwarf der königliche Gemahl darum ein neues Schloss neben dem alten, das er nach dessen Fertigstellung abreißen ließ. Trotz Zinnen und Türmchen wirkt der fast weiße Bau aus Granit intim. Gerahmt wird er von einem dunklen Tannenwald – auch er geht auf den in heimatlichen Erinnerungen schwelgenden Albert zurück.

Jedes Jahr im September kann man die Windsors beim Gottesdienst „besichtigen".

Bei der Inneneinrichtung feierte das Tartanmuster der Stuarts fröhliche Urstände, schottische Disteln „mehr als ein Esel fressen könnte", wie ein Gast meinte, blühten auf allen Möbelbezügen.

My home is my castle – königliche Urlauber vor ihrer schottischen Ferienwohnung

 Ben Nevis

Die Grampian Mountains enden im Norden am 160 Kilometer langen Great Glen, dem „Großen Graben", der aus vier lang gezogenen Lochs besteht, die von Inverness im Nordosten bis Fort William im Südwesten reichen. Dort, im Westen Schottlands, ragt Ben Nevis in den Himmel. Jeder, dessen Kondition es erlaubt, kann „The Ben", wie ihn Eingeweihte nennen, problemlos erklimmen.

Der mit 1344 Metern höchste Gipfel ganz Großbritanniens zieht jährlich 100 000 Wanderer an.

Von unten wirkt er relativ harmlos, doch eine Besteigung ist nicht auf die leichte Schulter zu nehmen. Der Weg nach oben ist uneben und steinig, das Gipfelplateau von 600 Meter hohen Klippen umgeben, auf dem Gipfel kann es jeden Tag im Jahr schneien. Berüchtigt sind die Wetterwechsel, besonders Nebel kann eine Begehung tückisch machen – die Sicht reicht manches Mal nur fünf Meter weit. Es ist ein seltenes Erlebnis, das Panorama von dort oben zu genießen: An neun von zehn Tagen ist der schottische Mount Everest durch dichte Wolken eingehüllt.

Blick vom Loch Lochy, einem der vier Seen, die das „Great Glen" bilden, zum Ben Nevis

Spielt das Wetter jedoch mit, wird man für die stramme Tour – 13 Kilometer und 1300 Höhenmeter sind zu überwinden – mit einem Blick auf fast die gesamte Bergwelt Schottlands belohnt. Sieben Stunden sollte man für Auf- und Abstieg einkalkulieren. Teilnehmer des jährlich stattfindenden „Ben Nevis Race" benötigen natürlich weit weniger Zeit, der Rekord liegt bei etwa 85 Minuten – hin und zurück. The Ben, dessen Name auf Gälisch „furchtbarer Gipfel" bedeutet, ist zudem Teil einer mörderischen Ausdauerprüfung, der „National Three Peaks Challenge", bei der innerhalb von 24 Stunden die höchsten Berge von England, Wales und eben Schottland bestiegen werden müssen.

Ganz ohne Zeitdruck machte sich 1771 ein Botaniker aus Edinburgh auf den Weg zum Gipfel, die erste Besteigung des Berges, von der die Geschichte Notiz genommen hat. Hundert Jahre später wurde dort eine seit Langem verfallene Wetterwarte erbaut – die heute üblicherweise begangene „Tourist Route" resultiert aus dieser Zeit.

Bonnie Prince Charlie

Das Lieblingswort der Schotten stammt aus einem Land, dem sie sich immer am engsten verbunden fühlten, aus Frankreich. „Bonnie" (vom Französischen „bon"), hübsch, nett, lieb, schön ist in Schottland alles, was in England „nice" wäre: das Leben, das Wetter, das Essen oder einzelne Personen. Charles Edward Louis Philip Casimir Sylvester Stuart ist so ein Fall. Er war der 1720 in Rom geborene Anwärter auf den schottischen Thron, der Enkel des ins Exil getriebenen vierten und letzten Stuart-Königs Jakob II. Die nach diesem Jakobiten genannten Anhänger der Stuarts, vor allem Katholiken aus den Highlands, hatten bereits mehrfach erfolglos versucht, den Vater des hübschen Prinzen zur Macht zu verhelfen, als Bonnie Prince Charlie im August 1745 mit zwei Schiffen an der schottischen Westküste landete. Es gelang ihm, fast alle Clans um sich zu versammeln und mit einer Armee aus 5000 Mann Fußvolk und 600 Reitern auf London zu marschieren. Doch kurz vor der englischen Hauptstadt verlässt ihn der Mut. Obwohl Georg II., König aus der 30 Jahre zuvor aus Deutschland importierten Dynastie der Hannoveraner, schon dabei war seine Sachen zu packen, befiehlt Bonnie Prince Charlie die Umkehr. Knapp an Proviant und Geld bezieht er sein Winterquartier in Inverness. Dem sechs Sprachen fließend sprechenden, Geige und Golf spielenden, brillant schießenden Prinzen liefen die Truppen davon. Das Abenteuer endete am 16. April 1746 in der Moorlandschaft von Culloden, wo sich der Prinz englischen Truppen geschlagen geben musste. Der Stuart kann fliehen. Fünf Monate versteckt er sich an verschiedenen Orten, dann setzt er nach Frankreich über, verfällt der Trunksucht, stirbt 1788 in Rom und wird im Petersdom begraben. Was den Schotten blieb, war das 1746 erlassene Verbot der gälischen Sprache sowie des Tragens der Hochlandtracht, der Clan-Kennzeichen und aller Waffen, zu denen man auch den Dudelsack zählte.

Er ging als „Bonnie Prince Charlie" in die Annalen ein, obwohl er mit seiner langen Stuart-Nase gar nicht so bonnie war.

Auf Charles Edward Stuart (1720–1788), „Bonnie Prince Charlie", soll sich das schottische Volkslied „My Bonnie Lies over the Ocean" beziehen.

⚑ Burns, Robert

Welche andere Nation würde ihren größten Dichter mit einem Leberwurstessen feiern? Die Schotten tun dies weltweit, sobald zwei von ihnen aufeinandertreffen. Gleichzeitig sollte der Kalender den 25. Januar anzeigen, den Tag, an dem Robert Burns als eines von sieben Kindern eines armen Kleinbauern in Ayshire im Dorf Alloway geboren wurde. 250 Jahre ist dies bereits her und dennoch wird die Burns's Night alljährlich nach einem festen Ritual zelebriert. Der Abend beginnt mit Cock-o-leekie, einer Hühner-Lauch-Suppe, gefolgt vom Haggis, einem mit Innereien gefüllten Schafsmagen, der an eine Leberwurst erinnert. Dazu spielt ein Dudelsackpfeifer, der Whisky fließt in Strömen und am Ende singen alle „For Auld Lang Syne" – und natürlich werden jede Menge Gedichte des Nationalbarden rezitiert.

Das Geburtshaus des Dichters in Alloway, einem Dorf im Südwesten Schottlands, heute ein Teil von Ayr

Seine Jugend verbrachte der 1759 geborene Dichter mit Landarbeit. Er musste sein Leben lang schwer schuften, um sich sein Brot zu verdienen. Als der Ertrag aus dem Hof nicht mehr ausreichte und er bereits von der schweren Arbeit gezeichnet war, versah er einen Job als Steuereintreiber in Dumfries, einer Kleinstadt im Süden des Landes, in deren Nähe er 1788 gezogen war, um einen eigenen Hof zu bewirtschaften. Er, der den Whisky besang und dessen Besteuerung bekämpfte, musste nun Whiskyschmugglern und illegalen Brennern nachspionieren.

Doch mit seiner Gesundheit ging es weiterhin bergab. Bei jedem Wetter musste er seinen Dienst versehen, 300 Kilometer hoch zu Ross waren ein nicht seltenes wöchentliches Pensum. Bereits 1796, im Alter von nur 37 Jahren, erlag

In mehr als 20 Ländern der Erde existieren Robert Burns-Clubs.

The sign reads:

BURNS COTTAGE
Robert Burns the Ayrshire poet
was born in this cottage
on the 25th Jan. A.D. 1759
and died 21st July A.D 1796 age 37½ years.

17

Robert Burns einem Herzleiden. Er starb in Dumfries, wo er mit seiner Frau Jean Armour die letzten Jahre seines Lebens gewohnt hatte. Er hinterließ 15 Kinder – sechs davon waren amourösen Liebschaften entsprungen – und keinen Penny, jedoch ein umfangreiches Werk aus Gedichten und Balladen, die meisten von ihnen im schottischen Dialekt der Lowlands, vermischt mit der englischen Hochsprache.

Robert Burns erhielt von seinem Vater eine für seinen Stand überdurchschnittliche Schulbildung. Schon früh interessierte er sich für alte Sagen, Legenden und Lieder, hörte den Alten beim Erzählen von Geschichten zu und begann selber Gedichte zu schreiben. 1786 erschien in einer Auflage von 612 Exemplaren ein erster Gedichtband, „Poems, Chiefly in the Scottish dialect" (dt. „Gedichte, hauptsächlich in schottischem Dialekt"), der so erfolgreich war, dass zwei weitere Auflagen folgten. Er war ein Naturbursche, Freimaurer, pflegte einen derben Humor, hatte, als attraktiver und geselliger Mann, viele Liebschaften und trank häufig einen über den Durst. All das spiegelt sich auch in seinen Gedichten wider. Besonders das Leben der einfachen Leute hatte es ihm angetan. Er schrieb nicht nur in deren Mundart, dem „Scots", das sich vom „King's English" so stark unterschied wie „Schwyzertütsch" vom Hochdeutschen, sondern setzte sich auch für deren Rechte ein. Er prangerte mit beißendem Humor und satirischem Witz die doppelte Moral des Klerus und der staatlichen Organe an, was ihm, auch im Ausland, große Sympathien einbrachte. Sein gesellschaftliches Engagement – die meisten seiner politischen Schriften mussten anonym erscheinen – führte dazu, dass die Sowjetunion in ihm sogar einen ihrer Propheten sah, doch er war durch und durch Demokrat.

Seine berühmteste Verserzählung vom tollen „Tam o' Shanter" stammt aus dem Jahre 1790 und spielt in Alloway, dem Heimatdorf des Dichters. Tam, ein Pächter aus Shanter, vertrinkt sein Geld mit seinem Freund Johnny, einem Schuster. Ein Gewitter zieht auf und er macht sich endlich auf den Weg nach Hause. Er passiert die Kirchenruine von Alloway, vor der er einen Hexensabbat

mit dem Teufel sieht. Die gespenstische Meute jagt hinter ihm her, und er hat es alleine seinem wackeren Pferd Meggie zu verdanken, dass er die rettende Brücke über den Doon, die „Brig o' Doon", erreicht:

Da ist ihr Herr aus allen Nöten,
Doch ach, ihr grauer Schwanz ging flöten,
Die Hexe riss ihn dicht vom Rumpf,
Kaum blieb dem armen Tier ein Stumpf.

Der Held der Ballade, der hier nur mit Müh und Not dem Grauen entkommt, nur weil er zu viel Zeit im Wirtshaus verbracht hat, wurde so populär, dass bis heute die runde schottische Woll-

mütze mit Bommel nach ihm „Tammy" oder „Tam-o'-shanter" genannt wird. Eine ganze Wallfahrtsindustrie lebt zudem vom Andenken an Schottlands Nationaldichter, sein Geburts- und Sterbehaus, seine Lieblingskneipe, ja sogar der Unterrock seiner Schwester werden vorgeführt. Daneben lassen unvermeidliche Souvenirs die Kassen klingeln wie ein Whisky, Marke „Robbie Burns", oder das Rasierwasser „Auld Acquaintance", dessen Name dem wohl berühmtesten seiner Gedichte, dem vor allem zu Silvester in der gesamten angelsächsischen Welt gesungenen „Auld Lang Syne", entnommen wurde. Dann halten sich echte Schotten wieder an den Händen und lassen so mancher Träne ihren Lauf.

Prinz Charles mit einer militärischen Tam-o'-Shanter-Mütze. Die typische schottische Kopfbedeckung ist benannt nach dem Helden der berühmtesten Ballade von Robert Burns.

Carnegie, Andrew

Schräg gegenüber von Edinburgh, auf der Halbinsel Fife, nur wenige Kilometer vom Firth of Forth entfernt, liegt die Kleinstadt Dunfermline. Hier, in der Moodie Street, schenkte die Schusterstochter Margaret Morrison einem Sohn das Leben, der es weit bringen sollte – sehr weit! „St. Andrew", wie ihn sein Freund Mark Twain wegen seiner Großzügigkeit nannte, wurde zum reichsten Mann seiner Zeit.

Doch nicht in Schottland, an dem sein Herz lebenslang hing, sondern in den Vereinigten Staaten von Amerika fand er sein Glück. Dorthin wanderte sein Vater, William T. Carnegie, ein arbeitsloser Weber, 1848 aus, um in Pennsylvania ein besseres Leben zu führen als in den schottischen Highlands. Andrew begann als Arbeiter in einer Baumwollfabrik und verdingte sich anschließend als Telegrafenjunge. Schließlich wurde er Assistent des Direktors der Western Pennsylvania Railroad – da war er 17. Das, was er verdiente, investierte

Carnegie wurde zum freigiebigsten schottischen Geizhals der Geschichte.

er in Öl und Stahl, in den Eisenbahn- und Brückenbau. Dabei beherzigte er die Maxime seiner Mutter: „Take care of your pence, the pounds will take care of themselves" („Achte auf die Cent, die Euros können schon auf sich selber aufpassen"). Schon als Achtjähriger hatte er mit diesem Satz auf die Frage nach einem Bibelwort geantwortet – es war sein erster Schultag.

Mit 33 war Carnegie Millionär. Sein Reichtum gründete vor allem auf seinen Stahlwerken und Hochöfen, die 1892 zur Carnegie Steel Company, dem größten Stahlunternehmen der Welt, verschmolzen wurden. Mag es ein schlechtes Gewissen gewesen sein, reine Menschenliebe oder religiös begründet: Im Laufe seines Lebens verteilte er 350 695 653 Dollar auf seine Stiftungen – einen Betrag, der heute einem Vielfachen dieser Summe entspricht. Er gründete nicht nur die Carnegie Hall in New York und stiftete über zweieinhalbtausend Büchereien in aller Welt, sondern bedachte auch seine Heimat auf großzügigste Weise.

21

Clans

Das bekannteste der Wörter, die aus dem Gälischen, der alten Sprache Schottlands, stammen, ist sicher der Begriff „Clan", der heute so viel wie „Sippe" oder „Interessengemeinschaft" bedeutet und von „clann", zu Deutsch „Kinder" oder „Nachkommen", abgeleitet ist. Seit dem 12. Jahrhundert war das Leben in den abgelegenen Tälern der Highlands in einem Clansystem organisiert. Wahrscheinlich gehörten diesen Verbänden ursprünglich nur wirklich blutsverwandte Mitglieder an, später war der Clan dann vor allem eine Zweckgemeinschaft, an die sich jeder anschließen konnte. Der Chief, dessen Amt zwar erblich, der jedoch auch absetzbar war, war Anführer, Vaterfigur und Richter, er verpachtete das Land an seine „Kinder", die ihm für jeden guten oder bösen Zweck zur Verfügung standen und den Namen des Clans annahmen. Manche dieser Stammeshäuptlinge lebten wie Großbauern, andere wie Fürsten, einige ließen sich ihr Territorium von der Krone verleihen oder bestätigen und wurden adelig, andere blieben bürgerlich – alle fühlten sich jedoch wie kleine Könige über ihren Familienstaat. Seitenlang ließe sich über die zahlreichen Fehden zwischen den Clans berichten. So verband die MacGregors und die Campbells eine innige Feindschaft, die so weit ging, dass einer der Campbells sein Amt als Oberster Richter dadurch ausnutzte, dass er über die MacGregors die Acht aussprach, ihnen verbot, ihren Namen zu tragen, und wegen Zuwiderhandlung 36 von ihnen hinrichten ließ. Auch das 1692 verübte Massaker von Glen Coe an den Mac-

Statt einer Krone tragen die Clan-Chiefs noch immer drei Adlerfedern an ihrer Mütze.

Donalds geht auf die Rechnung dieses Clans aus den südwestlichen Highlands. Nach der Schlacht von Culloden 1746 wurde das Clansystem durch die Engländer zerschlagen, ihre Mitglieder in die ganze Welt zerstreut. Deren Nachfahren sind heute als Touristen hoch willkommen. Sie finden sich nicht nur zu den großen Gatherings, den Clantreffen, in der Heimat ihrer Vorfahren ein.

Die Clan-Chiefs – hier bei einem Treffen in Edinburgh – haben heute eine fast ausschließlich folkloristische Bedeutung.

Connery, Sean

In Edinburgh geboren und in einfachen Verhältnissen aufgewachsen, feiert Sean Connery, Schottlands unangefochtener Superstar, 2010 seinen 80. Geburtstag. Der ehemalige Sargpolierer, der auch als Rettungsschwimmer arbeitete und 1953 die Bronzemedaille beim „Mister-Universum-Wettbewerb" in London gewann, wurde mit 59 Jahren zum „Sexiest Man Alive" gekürt – einem Alter, in dem ihm schon lange mehr Haare am unteren Teil des Kopfes als auf dem Schädel wuchsen. Der bekennende Schotte wurde als Schauspieler zur Legende, in seiner Paraderolle als Bond, James Bond. Für immense Gagen, die er – ganz Patriot – auch mal der Scottish National Party spendete, ließ er sich letztlich sechs Mal zur Darstellung des Superspions verpflichten, obwohl er die von einem Engländer kreierte Figur als „gefühl- und gedankenlose Puppe" kritisierte. Nach seinem 1983 erfolgten endgültigen Abschied von der Rolle hat er sich als filmisches Schwergewicht etabliert. Ob als Mönchs-Detektiv in „Der Name der Rose" oder als Partner von Harrison Ford im dritten Indiana-Jones-Film, stets machte Connery eine gute Figur. Seine Darstellung eines Polizisten in der Gangster-Saga „Die Unbestechlichen" wurde sogar mit einem Oscar belohnt. Inzwischen hat sich der Frauenschwarm, der aber auch seinen Geschlechtsgenossen heftig imponiert, vom Filmgeschäft zurückgezogen. Er genießt das Golfspielen auf den Bahamas, wo er mit seiner zweiten Frau, einer französischen Malerin, zeitweise lebt. Ansonsten ist er vor allem für sein Engagement um die schottische Selbstständigkeit bekannt: Seit 1992 Mitglied der Scottish National Party, war ihm die sieben Jahre später stattfindende Eröffnung des

Er wohnt auf den Bahamas, doch er ist mit Leib und Seele Schotte.

ersten schottischen Parlaments seit 300 Jahren wichtiger als der Oscargewinn. Im Jahr 2000 wurde er von der Queen geadelt, den Ritterschlag empfing er natürlich in seiner Heimatstadt und nicht in London. „Scotland Forever" – so ist es auf seinem Arm eintätowiert!

Der „britische Rentner mit dem größten Sex-Appeal": Im Jahr 2006 wurde Sean Connery als 75-Jähriger zum Lieblingshelden aller Briten gewählt, vor wesentlich jüngeren Konkurrenten wie David Beckham, Jamie Oliver oder Robbie Williams.

Culloden Moor

Die Schlacht von Culloden auf einem kolorierten Kupferstich der Zeit

Heute erinnert nur noch wenig an die Schlacht, die als letzte auf britischem Boden in die Geschichte einging. Selbst von dem Moor, das ihr den Namen gegeben hat, ist nicht mehr viel zu sehen. Etwa 10 Kilometer östlich von Inverness liegt das Hochmoor von Culloden, das die Schotten „K'lodden" aussprechen. Hier, zwischen Heidekraut, Stechginster und Birken, ging das alte Highland unter – in einem Gemetzel, das alles Vorhergehende auf schottischem Boden in den Schatten stellte. Quer durch das riesige Gebiet führt heute eine Straße, die das Schlachtfeld in zwei Teile zerschneidet. Von ihr aus ist es nicht weit zu den Granitsteinen, die die Clans ihren Gefallenen als Denkmal gesetzt haben, sie bezeichnen Massengräber. In ihnen wurden die schätzungsweise 1200 getöteten Highlander begraben, die während der Schlacht ums Leben kamen – auf der gegnerischen Seite waren es 76 Mann. Die Kontrahenten waren ein aus 3000 Mann bestehendes Heer des „Bonnie Prince Charlie", der als Enkel des Jahre zuvor ins Exil getriebenen Königs Jakob VII. einen Anspruch auf den schottischen Thron erhob, und die aus 9000 Mann bestehende Truppe von Wilhelm August, dem Herzog von Cumberland, dritter Sohn des regierenden Königs Georg II. Sadistisch und fettleibig war er der krasse Gegensatz zum charismatischen, mit 25 Jahren gleichaltrigen Stuart-Prinzen. Seit einem Jahr war der Thronprätendent erfolgreich durch Britannien gezogen, doch nun verließ ihn sein Glück. Trotz der Warnung seiner Generäle suchte Charles Edward am 16. April 1746 die Entscheidung. In nur 25 Minuten war alles vorüber, der schöne Prinz war geschlagen. Doch das eigentliche Blutbad begann erst jetzt. Cumberland befahl, keine Gefangenen zu machen. Die Verwundeten wurden massakriert, die Fliehenden, wurde man ihrer auch noch nach Tagen habhaft, ebenfalls niedergemacht. Bonnie Prince Charlie entkam – er starb 32 Jahre später in Rom.

Cumberland trägt den wenig schmeichelhaften Beinamen „The Butcher" (der Schlächter).

Distel

An der Mütze aller schottischen Polizisten prangt die bekrönte Distel.

Eines der bekanntesten Symbole Schottlands ist jene mit Dornen bewehrte, stachelige Pflanze aus der Familie der Korbblütler, die gemeinhin als Distel bezeichnet wird. Sie findet sich im Wappen des Landes und auf zahlreichen Produkten. Eine Legende berichtet, wie ein paar schottische Krieger im Schlaf fast von einer Wikingerhorde überrascht worden wären. Sie wären nicht mit dem Leben davongekommen. Zum Glück trugen die Nordmänner, um sich heranzuschleichen, keine Schuhe: Denn einer der Angreifer trat mit seinen nackten Füßen auf eine Distel, schrie laut auf und warnte so die friedlich schlummernden Schotten. Es war für sie ein Leichtes, die Skandinavier in die Flucht zu schlagen. In Anerkennung ihrer „Verdienste" erhielt die unscheinbare Pflanze den Namen „Guardian Thistle" (Wächterdistel) und wurde zum nationalen Symbol.

„Niemand reizt mich ungestraft" – die Devise des Sankt-Andreas-Ordens

Die Distel erfüllt schon seit über 500 Jahren ihre Funktion. Damals prägte man Silbermünzen, auf denen jene Pflanze abgebildet war, und kurze Zeit danach, noch vor der Regentschaft Maria Stuarts, ist sie dann schon im königlichen Wappen Schottlands zu finden. 1687 schließlich wurde der stacheligen Distel die größte Ehre zuteil: Jakob VII. stiftete damals den Sankt-Andreas-Orden, bekannter als „The Most Ancient and Most Noble Order of the Thistle", als Distelorden. Er existiert bis heute und besteht aus 16 regulär ernannten und weiteren außerordentlichen Mitgliedern sowie dem jeweiligen Herrscher. Sie alle tragen eine Kragenkette, die aus Disteln und Rautenzweigen besteht und an der als Ordenszeichen ein Bild des heiligen Andreas mit Andreaskreuz hängt. Der silberne Ordensstern ist vierarmig. In seiner Mitte befindet sich ein Medaillon mit einer grün emaillierten Distel. Sie ist von einem Band mit der Ordensdevise umgeben: „Nemo me impune lacessit."

 Dudelsack

Kilt und Dudelsack sind schon fast Synonyme für das Land im Norden Großbritanniens. Dabei gibt es zur Herkunft des für manche Ohren unerträglich, für andere höchst poetisch klingenden Instruments

Europaweit existieren circa 180 verschiedene Sackpfeifenformen.

unterschiedlichste Theorien. Eine davon besagt, die Iren hätten die Sackpfeife, wie der musikalisch korrekte Name lautet, den Schotten aus Witz geschenkt – nur hätten diese den Witz bis heute nicht verstanden. Seriöse Wissenschaftler meinen, mittelalterliche Musikanten oder Kreuzfahrer hätten die *bagpipe*, so des Dudelsacks englische Bezeichnung, aus dem Nahen Osten mitgebracht. Auf jeden Fall war es seine schlachtentaugliche Lautstärke, die es einerseits bis heute verbietet, das schrille Instrument in geschlossenen Räumen zu verwenden, die es aber andererseits bei den Clan-Chiefs bereits im 15. Jahrhundert so beliebt machte – sein Klang ließ die Gegner erzittern. Um die kriegerischen Märsche, die Totenklagen für gefallene

Eine „pipe band" besteht aus mindestens fünf Trommlern und sechs Dudelsackspielern.

Helden, aber auch die Tanzmusik spielen zu können, bedurfte es einer guten Lunge, einiger Fingerfertigkeit und Übung. Berühmt war das Piping College auf der Insel Skye, das die Mac-Crimmons, die das erbliche Amt des Pfeifers bei den MacLeods versahen, veranstalteten. Hier konnte man in sieben Jahren zum Meister an der Sackpfeife ausgebildet werden. Das Instrument hat sich im Laufe der Jahrhunderte weiterentwickelt: Heute besteht es zumeist aus einem aus Tierhaut gefertigten und mit Tartanstoff überzogenen Sack, aus dem außer drei über die Schultern des Spielers herausstehenden, auf einen festen Ton gestimmten Bordunpfeifen noch das Mundstück und eine blockflötenartige Melodiepfeife herausragen. Abwechselnd presst der *piper* dann Luft aus dem Sack in die Tenor- und die beiden Basspfeifen aus Hartholz oder bläst in das Mundstück, wobei er mit beiden Händen die Melodiepfeife betätigt. So entlockt er dem Dudelsack seine typisch klagenden Laute.

# Edinburgh

„Welcome to Edinborough": So fein, wie ihn die Durchsage im Flugzeug haucht, bekommt man den Namen von Schottlands Hauptstadt vom Taxifahrer nicht zu hören, bei dem sich der Name eher wie „Ednbarra" anhört. Er geht auf einen König Eityn oder Edwin zurück, der hier im frühen Mittelalter eine Festung erbaut haben soll. Vielfach überrannt, zertrümmert, abgeräumt und wieder aufgebaut, wurde die Burg im 15. Jahrhundert Sitz der schottischen Könige, und Edinburgh löste Perth als Hauptstadt des Landes ab. Die um diese Zeit erstmals errichtete Stadtmauer umfasste ein relativ kleines Gebiet, die zwischen Burg und gegenüberliegender Augustinerabtei Holyrood gelegene Altstadt und ein paar Gassen um den Grassmarket. Wie ein Korsett verhinderte sie das Wachstum der Hauptstadt in die Horizontale – die Lösung war die Ausdehnung nach oben. Häuser mit bis zu zwölf Stockwerken entstanden, man sprach von einem Goldenen Zeitalter. Es wurde 1544

Sir Walter Scott: „My own romantic town."

endgültig beendet, als die Engländer die wenige Jahre zuvor durch eine verheerende Brandkatastrophe fast völlig zerstörte Stadt plünderten. Eine turbulente Zeit brach an, der fanatische Prediger John Knox führte die Reformation ein, und Maria Stuart, die von ihm bekämpfte Königin, brachte in einem winzigen Zimmer auf der Burg ihren einzigen Sohn Jakob zur Welt. Er wurde 1603 zum ersten Herrscher über Schottland und England. Die Folge war ein Umzug des Hofes nach London; hundert Jahre danach, nach der Vereinigung der beiden Länder zu Großbritannien, verließ auch noch das Parlament die Stadt. Dennoch versank Edinburgh nicht in Bedeutungslosigkeit. Wissenschaft und Kunst verhalfen der Stadt zu neuer Blüte, die schottische Hauptstadt wurde zu einem der kulturellen Zentren Europas, ein neuer Stadtteil, die New Town, entstand am nördlichen Fuße des Burgfelsens. Nicht zuletzt durch die vor Hungersnöten in ihrem Land fliehenden Iren vervierfachte sich die Zahl der Einwohner im 19. Jahrhundert

auf fast eine halbe Million. Zu dieser Zeit erhielt sie ihren Beinamen „The Auld Reekie" (Die alte Verräucherte) wegen der ständig rauchenden Fabrikschornsteine. Heute ist die nach der Erzrivalin Glasgow zweitgrößte Stadt Schottlands vor allem vom Mittelstand geprägt. New und Old Town zählen zum UNESCO-Weltkulturerbe, riesige Veranstaltungsreihen, Edinburgh und Fringe Festival, locken im Sommer Hunderttausende in die schottische Metropole, die schon alleine wegen ihrer Lage an der Südseite des Firth of Forth inmitten vulkanischer, von Seen durchsetzter Berge zu den schönsten Städten Europas zählt.

Blick vom Calton Hill zur Burg

Das Rückgrat der Altstadt, der Old Town, bildet die Royal Mile, ein Straßenzug, der die Burg mit dem Holyrood-Palast verbindet. Sie setzt sich aus den Straßen Castlehill, Lawnmarket, High Street und Canongate zusammen und ist der perfekte Einstieg in die Stadtgeschichte. Teile der Burg, des Herzstücks des ganzen Landes, gehen bis ins 12. Jahrhundert zurück. Hier, im Wahrzeichen der Stadt, werden der Stone of Scone, der alte Krönungsstein, und die Kronjuwelen aufbewahrt, die mehr als hundert Jahre für verschollen galten. 1818 hat man sie wieder entdeckt und lässt sie seither nicht mehr aus den Augen. Unweit der Burg stehen ein originales sechsstöckiges Stadthaus aus dem 17. Jahrhundert, daneben ein Museum für die drei Großdichter des Landes, Robert Burns, Sir Walter Scott und Robert Louis Stevenson. Es folgen die gotische High Kirk of St. Giles, in der der vor ihr begrabene Reformator John Knox gepredigt hat, und mehrere Museen. Bevor die Royal Mile ihr Ende erreicht, passiert sie noch das spektakuläre neue Parlamentsgebäude, das 2004 eröffnet wurde. Was den Schotten „The Castle", ist den Engländern das eine Meile entfernt liegende Schloss von Holyrood. Es ist die Residenz der britischen Könige in Edinburgh. Hier musste Maria Stuart den Mord an ihrem Sekretär und vermeintlichen Liebhaber, David Rizzio, mit anhören, hier hielt Bonnie Prince Charlie Hof, hier präsentierte sich Georg IV. anlässlich eines Besuchs im äußerst kurzen Kilt, was einen Spaßvogel zu der Bemerkung veranlasste: „Da er nur so kurze Zeit unter uns weilt, ist es wichtig, dass wir so viel wie möglich von ihm zu sehen bekommen." Weht die Fahne auf dem Palast, ist die Queen anwesend, was nicht allzu häufig vorkommt.

Zum Glück platzte die Altstadt schon im 18. Jahrhundert aus allen Nähten, denn dadurch wurde eine Neustadt, die New Town, in georgianischem klassizistischen Stil errichtet und

Der vierte Herzog von Edinburgh und Gemahl der Queen: Prinz Philip

nicht in den Formen etwa der Neogotik. Vorgesehen für die Stadterweiterung war ein 325 Hektar großes Gelände nördlich von Burg und Nor'Loch, dem Nordsee, der 1759 zugeschüttet wurde. Aus einem städtebaulichen Wettbewerb ging der erst 26-jährige James Craig hervor. Er plante auf einem Hügelkamm eine breite Prachtstraße, George Street, die zwei Plätze miteinander verband. Darum herum entwarf er ein Platz- und Straßensystem im Schachbrettmuster. Die dort zwischen 1767 und 1811 überwiegend aus Kalksandstein errichteten Häuser bilden das größte Denkmalschutzgebiet Großbritanniens. Heute befinden sich hier die gesuchtesten Wohnungen der Stadt. Die das

Viertel nach Süden begrenzende Princes Street ist eine der großen Promenaden Europas. Ihre nur auf der nördlichen Straßenseite vorhandene Bebauung blickt auf Burg und Altstadt. Sie führt nach Osten bis zum Calton Hill. Die dort Anfang des 19. Jahrhunderts errichteten Denkmäler sollten Edinburgh den Ruf eines „Athen des Nordens" einbringen. Auch ein dem Parthenon nachempfundener monumentaler Tempel zur Erinnerung an die während der Napoleonischen Kriege gefallenen Schotten war geplant, der Grundstein in Anwesenheit des Königs gelegt. Den Bauherren ging jedoch das Geld aus, was blieb, sind die zwölf Säulen der Fassade.

Vor der Kulisse der Burg findet alljährlich das Edinburgh Military Tattoo statt, ein militärisch-musikalisches Spektakel.

Eilean Donan Castle

Es ist eines der am häufigsten fotografierten Motive Schottlands: Eilean Donan Castle, der Clansitz der MacRaes. Malerisch erhebt sich die mittelalterlich anmutende Burg auf einem kleinen Eiland, der „Insel Donnáns" im Loch Duich. Sie liegt nur zwölf Kilometer von der Brücke, die auf die Insel Skye führt, entfernt, nahe am Schnittpunkt dreier Meeresbuchten, die hier in Schottland „Loch" heißen: Loch Duich, Loch Long und Loch Alsh. Eine steinerne Brücke führt vom Festland auf die knapp einen Hektar große Insel hinüber, die in 700 Jahren mehrfach Schauplatz von Kämpfen war. Üblicherweise nur zwischen Clans ausgetragen, wurde die erstmals im 13. Jahrhundert als Festung gegen die Wikinger erbaute Burg 1719 von 46 spanischen Söldnern besetzt, die von hier aus die Jakobiten in ihrem Aufstand gegen die rechtmäßigen englisch-schottischen Könige aus dem Hause Hannover unterstützen sollten. Doch die königlichen Truppen fackelten nicht lange und griffen an: Sie beschossen die Festung aus den Kanonen dreier Fregatten und zerstörten sie nahezu vollständig. Was übrig blieb, sprengten sie mit dem Schießpulver in die Luft, das die Spanier dort gebunkert hatten. Einen Monat später fügten die Engländer dann den spanischen Truppen in der Schlacht von Glen Shiel eine vernichtende Niederlage zu. Die Jakobiten, Anhänger des letzten katholischen Stuart-Königs Jakob VII. (in England Jakob II.), mussten sich zurückziehen.

Zwischen 1911 und 1932 ließ John MacRae-Gilstrap die Heimat seines Clans restaurieren. Angeblich träumte der neue Burgherr von den Plänen seiner Burg und beauftragte seinen Architekten, das alte Gemäuer dementsprechend zu gestalten. Träume sind nicht immer Schäume: Bei ersten Ausschachtungen in der Ruine konnte eine Truhe geborgen werden, in der sich als größter Schatz die originalen Pläne befanden – auf wundersame Weise stimmten sie mit den erträumten überein.

Eine der wichtigsten Touristenattraktionen der Highlands

Schottland wie aus dem Bilderbuch

Firth-of-Forth-Brücke

Der Firth of Forth („Förde des Forth"), ein Meeresarm an der Ostküste Schottlands, in den der Fluss Forth mündet, verursachte große Umwege für den Verkehr von Edinburgh zur Halbinsel Fife. Acht Jahrhunderte musste man eine Fähre benutzen, um über die Trichtermündung zu kommen. Das Viktorianische Zeitalter mit seinen Fortschritten in der Ingenieurskunst sann auf Abhilfe. Die Idee eines Tunnels wurde verworfen. Man entschied sich für eine Eisenbahnbrücke an einer Stelle, an der der Wasserweg etwa eine Meile breit war. 1878 begann Thomas Bouch mit dem Bau einer Hängebrücke – ein Vorhaben, das die Verantwortlichen bereits ein Jahr später stoppten, denn am 28. Dezember 1879 brach eine andere Brücke desselben Konstrukteurs, die über den Firth of Tay führte, in einem fürchterlichen Sturm zusammen und riss einen Zug, der sie in diesem Moment überquerte, in brodelnde Tiefen. Es gab keine Überlebenden, 75 Menschen fanden den Tod – Theodor Fontane, seit seiner Schottland-Reise 1858 an allem Schottischen interessiert, verewigte das Unglück, das in seiner Wirkung auf die Menschen der Zeit mit der des Untergangs der Titanic zu vergleichen ist, in seiner Ballade „Die Brück' am Tay". Nach der Katastrophe war klar, dass die zu bauende Brücke, die nahezu viermal so lang werden sollte wie die bisher längste Eisenbrücke Großbritanniens, vor allem sicher sein musste und ihre Stabilität am besten auch zeigen sollte. Man

5000 Menschen arbeiteten an der Brücke, 57 starben bei Unfällen.

entschied sich für eine neuartige Konstruktionsart, eine Auslegerbrücke. Als Material wählte man, ebenfalls bisher kaum erprobt, Stahl – die Brücke über den Firth of Tay war noch aus Gusseisen errichtet worden. Nach neun Jahren Bauzeit wurde das technische Wunder 1890 eingeweiht. Mit 2,5 Kilometern Länge und bis zu 104 Metern Höhe war die Brücke über den Firth of Forth für wenige Jahrzehnte die größte der Welt.

Die Forth Bridge war von 1890 bis 1919 die Brücke mit der größten Spannweite der Welt.

Fleming, Alexander

Eines Tages hörte ein armer schottischer Farmer, Fleming war sein Name, einen Hilfeschrei aus dem nahe gelegenen Moor. Er ließ alles fallen und rannte. Der jammernde Junge, den er bis zur Taille im Morast steckend fand, mühte sich umsonst – er konnte sich alleine nicht befreien. Fleming zögerte nicht lange und rettete dem Knaben das Leben. Am nächsten Tag hielt eine Nobelkarosse vor dem ärmlichen Heim des Farmers. Es war der Vater des Jungen. Er schlug ihm vor, die Kosten für eine exquisite Ausbildung seines Sohnes zu übernehmen, der nur ein paar Jahre jünger war als sein eigener. Fleming willigte ein, und so besuchte Alexander die besten Schulen, promovierte und entdeckte schließlich das Penicillin. Der Junge aus dem Moor aber – niemand anderes als der berühmteste englische Politiker, Winston Churchill – wurde später von einer Lungenentzündung befallen und durch Flemings Medizin geheilt.

„Als ich an diesem Tag erwachte, dachte ich bestimmt nicht daran, das erste Antibiotikum der Welt zu entdecken."

Soweit die Legende. Tatsächlich hat sich diese gerne erzählte Episode nie ereignet, Fleming war zwar der Sohn eines schottischen Farmers, konnte aber mit der Hilfe einer Erbschaft sein Studium selbst finanzieren. Schon früh forscht der 1881 in Lochfield in den Lowlands Geborene auf dem Gebiet der Infektionskrankheiten. Die entscheidende Entdeckung glückt ihm eher zufällig: Kulturschalen mit Bakterien, Staphylokokken, waren ihm im Labor verschimmelt. Ihm fiel auf, dass dort, wo die Schimmelpilze wuchsen, keine Bakterien mehr zu finden waren. Es wirkte fast so, als hätten sie den Auslösern von lebensbedrohlichen Lungen- und Herzerkrankungen den Garaus gemacht. Das war 1928. Von nun an ließen sich durch Bakterien verursachte Krankheiten wie Lungenentzündung, Kindbettfieber, Hirnhautentzündung und sogar Schwindsucht heilen. Das Wundermittel hieß Penicillin und war das erste Antibiotikum. Der Schotte Fleming erhielt 1945 den Nobelpreis für Medizin und wurde geadelt. Er starb 1955.

Gälisch

„Ciamar a tha sibh an diugh?" Es ist kein Beinbruch, wenn man mit dieser Frage nichts anzufangen weiß, denn schließlich beherrschen auch nur etwa 60 000 Schotten Gälisch, eine lautkräftige, nuancenreiche Sprache, die zwischen dem 3. und 18. Jahrhundert überall in den Highlands und auf den Inseln gesprochen wurde. Es hat vor allem in zahlreichen Namen von Bergen und Tälern, von Inseln und Seen seine Spuren hinterlassen, gepflegt wird es heute noch auf den abgeschieden liegenden Äußeren Hebriden, auf Skye und Argyll. Die Skoten brachten diese keltische Sprache aus Irland mit, als sie den Norden Schottlands besiedelten. Unter König Malcolm III. (regiert 1058–1093) wurde Englisch als Hofsprache eingeführt, eine Referenz an seine aus England stammende Frau Margaret. Die Reformation gab dem Gälischen, das wie das Englische und Deutsche eine indogermanische Sprache ist, den Rest: neuer Glaube, neue Sprache. Wer danach

„Failtre!" – „Wilkommen!"

noch Gàidhealtachd – so das Wort Gälisch auf Gälisch – sprach, galt in den Augen der meisten als rückständig, ungebildet, barbarisch. Englisch war dagegen die Sprache der Gebildeten, der Akademiker, der sozialen Aufsteiger. Es war nicht leicht, gegen die aggressive Sprachpolitik der englischen Könige, die seit 1603 auch Könige von Schottland waren, zu widerstehen. Immer mehr Bewohner der Highlands beugten sich dem unsanften Druck. Doch noch 1872 schien es notwendig, das Gälische als Unterrichtssprache per Gesetz zu verbieten. Seit einigen Jahrzehnten setzt eine Renaissance der alten Landessprache ein, die trotzdem noch, anders als das nah verwandte Gälische in Irland, den Status einer Fremdsprache hat. Immer mehr Schotten machen sich die Mühe und lernen diese schwierige Sprache. Sie halten damit eine ganze Kultur am Leben, die über eine eigene Musik und Literatur verfügt. Ihnen wird eine Antwort auf die eingangs gestellte Frage „Wie geht es Ihnen heute?" leichtfallen.

Geiz

Typisch schottisches Armeleuteessen: ungesüßtes Porridge

Was uns die Schwaben, sind den Briten in Bezug auf die Sparsamkeit die Schotten. Dabei gelten die Kiltträger zwar als geizig, aber auch als besonders gastfreundlich, sie folgen Spendenaufrufen großzügiger und schneller als die übrigen Briten und sind besonders oft in Wohltätigkeitsorganisationen engagiert. Statistiken scheinen jedoch zu bestätigen, dass schottischer Geiz keine Erfindung ist: So haben schottische Männer ihre Rasierklingen besonders lange in Gebrauch,

In der Zeitung: Schottisches Taxi stürzt in einen Fluss – 42 Tote ...

Wohnungen werden öfter selbst tapeziert als in England und Klubmitgliedschaften gerne auf Lebenszeit abgeschlossen, weil es billiger ist. Und gibt es nicht jenes Gespenst in der Grafschaft Perthshire, dessen Oberteil auf Schloss Meggernie, das Unterteil aber auf dem Friedhof dieses Städtchens spukt? Ein Gespenst an zwei Orten, das ist der Gipfel an Knickrigkeit. Wie in Vorurteilen steckt auch in den Witzen ein Körnchen Wahrheit. Die schottische Sparsamkeit geht auf die Zeiten vor der industriellen Revolution zurück, die Schottland und insbesondere die Lowlands in den 1820er-Jahren erreichte.

Die breite Bevölkerung lebte damals unter einfachsten Bedingungen. Sie hatte nichts zu verschenken. Man musste jeden Penny mehrfach umdrehen, bevor man ihn ausgab, aß gesalzene Hafergrütze, Porridge genannt, wie in England, jedoch ohne Zucker, oder verwertete die billigsten Innereien vom Schaf und machte Haggis daraus. Die ewigen Konkurrenten im Süden der Insel nahmen solche Eigenarten dankbar auf und verulkten sie in zahlreichen Witzen.

Der Schotte MacDougall entdeckt in seinem Suppenteller die legendäre Fliege. Er ruft aber nicht den Ober. Er packt sie mit spitzen Fingern, hält sie über den Teller, den Fliegenkopf nach unten, und schreit: „Spuck die Suppe aus! Wirst du die Suppe wohl wieder ausspucken!"

Glasgow

Der heilige Mungo, Glasgows Stadtpatron, scheint seit 1990 – dem Jahr, als die Stadt am Clyde sich stolz Kulturstadt Europas nennen durfte – durch Charles Rennie Mackintosh ersetzt. Der hier geborene Jugendstildesigner und -architekt hatte um 1900 sehr viel zu tun, doch schon bald war er wieder out. Erst in den letzten Jahrzehnten, in denen Glasgow mit Erfolg versuchte, sein Image von der schmuddeligen Industriestadt abzustreifen, wurde er zur Galionsfigur für die Kulturszene der Metropole. Nicht so gefällig wie das nur 65 Kilometer entfernte Edinburgh, das echte Glaswegians verachten, galt die im Mittelalter als Glas Cau, „lieber grüner Ort", gegründete Siedlung im 19. Jahrhundert als zweitwichtigste Stadt des Empire. Sie war wichtiger Industriestandort und Zentrum des Schiffbaus – noch 1928 liefen 20 Prozent aller weltweit produzierten Schiffe in Glasgow vom Stapel.

Ältestes Bauwerk ist die Kathedrale, hinter der sich die Nekropole, die Totenstadt, mit prunkvollen Grabmälern befindet. Von dort hat man einen großartigen Blick auf die erstaunlich grüne Stadt, deren 580 000 Einwohner nur zum kleinen Teil in der rechtwinklig angelegten Innenstadt, Merchant City, wohnen.

Sorgen Alt- und Neustadt bei den Edinburghern für eine natürliche Aufteilung ihrer Bewohner, so übernehmen in Glasgow die beiden traditionellen Fußballclubs der Stadt, Celtic Glasgow und Glasgow Rangers, diese Funktion. Sie hat ihren Ursprung in der konfessionellen und ethnischen Zugehörigkeit von Spielern und Fans. So wurde Celtic von emigrierten katholischen Iren, die Rangers von protestantischen Schotten gegründet. Selbst in einer Zeit, in der der Einfluss der Religion schwindet und Multikulti auch im Fußball kein Fremdwort mehr ist, sind die Fans beider Clubs noch immer bis aufs Messer verfeindet. Und das in einer Stadt, deren Einwohner als besonders warmherzig und freundlich gelten.

James Watt erfand hier 1764 die Dampfmachine.

Immer ein besonderes Ereignis: die Rangers (traditionell in Blau) gegen Celtic (ebenso traditionell in Grün)

Glen Coe

Glen Coe – kein anderer Ort in Schottland steht so sehr für das Versagen von Traditionen wie dieses 16 Kilometer lange von Ost nach West reichende Tal, das zwischen steilen, nur Bergsteigern zugänglichen Berghängen eingezwängt in den Highlands nahe der Westküste Schottlands liegt. Wie ein Arm knickt es leicht ab und wird von den Drei Schwestern überragt, die zwar nicht so hoch wie der nahe Ben Nevis, der höchste Berg Großbritanniens, sind, jedoch wilder, rauer, zerklüfteter. Die Übersetzung des Flurnamens mit „Tal der Tränen" ist zwar unkorrekt, doch lässt sie am besten erahnen, was es mit diesem Ort auf sich hat. Der britische Historiker Thomas B. Macaulay, der sie geprägt hat, schrieb über das Tal: „Dieses Tal ist das traurigste und melancholischste aller schottischen Täler – ein wirkliches Tal der Todesschatten. Nebel und Stürme brüten den größten Teil des schönsten Sommers hindurch darüber, und selbst an jenen seltenen Tagen, wenn die Sonne hell ist und keine Wolke am Himmel, ist der Eindruck, den die Landschaft macht, trübe und schaurig." Herren über dieses erst seit 1786 durch eine Straße erschlossene abweisende Land waren die MacDonalds von Glencoe. Sie sollten den Part der Opfer übernehmen in dem schrecklichen Schauspiel, das sich hier 1692 abspielte.

Um dieses zu verstehen, ist ein Ausflug in die schottische Geschichte notwendig. Seit 1603 herrschten die schottischen Stuarts in Personalunion über England und Schottland, seit 1685 in der Person Jakobs II. (als König von Schottland Jakob VI.). Er versuchte, die Rechte des Parlaments zu beschneiden, und drängte, selbst Katholik, den Einfluss der anglikanischen Kirche zurück. Die Volksvertreter rebellierten, setzten Jakob ab und boten die Krone 1689 dessen Schwiegersohn, Wilhelm von Oranien, Statthalter der Niederlande, an. Das schottische Parlament akzeptierte diesen neuen König ebenfalls, nur die Bewohner der Highlands rebellierten. Sie waren von jeher aufmüpfig gegenüber den hohen Herren in London, waren nur mit harter Hand zu führen.

So dachte auch der neue Herrscher, der gemeinsam mit seiner Gemahlin, Maria II., als Wilhelm III. regierte. Im Sommer 1691 besiegte er die Rebellen und verfügte eine Amnestie für diejenigen Clans, deren Chiefs bis zum 1. Januar 1692 einen Treueid auf das neue Herrscherpaar ablegten. Die meisten von ihnen nahmen dieses Angebot an, bot es doch Gelegenheit, frische Kräfte zu sammeln, um dann erneut loszuschlagen. Andere warteten ab. So auch Alastair MacDonald, der zwölfte Chief der MacDonalds von Glencoe. Erst einen Tag vor Ablauf der Frist reiste er nach Fort William, dem nächstgrößeren Ort, um dort den Eid zu leisten. Doch die hiesige Amtsperson erklärte sich als nicht zuständig und verwies ihn ausgerechnet nach Inveraray an Sir Colin, Mitglied des Campbell-Clans, den Erzfeinden der MacDonalds. Drei Tage brauchte Alastair für seinen Gang nach Canossa, die winterlichen Bedingungen waren dafür verantwortlich. Noch einmal drei Tage musste er auf Sir Colin warten, dann konnte er seine Pflicht erfüllen.

„Never trust a Campbell!" Zwar war die Frist nun bereits abgelaufen, doch in Fort William hatte man ihm einen Schutzbrief überreicht, aus dem hervorging, dass er rechtzeitig dort gewesen sei. Er muss geahnt haben, dass es mit der Entgegennahme des Eides nicht getan war, denn der stolze Highlander, ein rothaariger Hüne, soll bei dessen Protokollierung in Tränen ausgebrochen sein.

Sir John Dalrymple, Schottland-Minister Seiner Majestät und aus den Lowlands stammend, war über die Verspätung not amused. Er wollte ein Exempel statuieren und seinen ungehörigen Landsleuten aus den Highlands zeigen, wohin die Nichtbeachtung der königlichen Befehle führt. Mit der Ahndung der Terminüberschreitung beauftragte er Robert, den Chief der Campbells von Glenlyon. Er quartierte sich unter einem Vorwand mit 120 Soldaten bei den MacDonalds im Glen Coe ein und verbrachte in deren Haus, unter Ausnutzung der traditionellen Gastfreundschaft, fast zwei Wochen. Am 12. Februar 1692 erhielt er dort dann den verhängnisvollen Befehl: Am nächsten Morgen um fünf Uhr seien alle Angehörigen der MacDonalds zu töten, Frauen und Kinder eingeschlossen, nur über 70-Jährige seien zu verschonen. Nach dem Kartenspiel und einem gemeinsamen Essen, bei dem man auch auf das Wohl aller Anwesenden getrunken hatte, ging man zu Bett. Das Erwachen war fürchterlich. Die Soldaten führten den Befehl aus und veranstalteten ein Blutbad. Wer fliehen konnte, wurde verfolgt oder starb, meist barfuß und im Nachtgewand, in der eisigen

Kälte eines Schneesturms. Insgesamt an die 80 Personen kamen ums Leben.

Mit der Popularität von Wilhelm III. und Maria II. war es schlagartig vorbei, als sich die Nachricht vom Massaker in Glen Coe durch französische Zeitungen verbreitete. Nicht die Zahl der Toten empörte die Leute, sondern der Missbrauch der Gastfreundschaft war das Verabscheuungswürdige an der Tat. Jahre später wurde eine Kommission eingesetzt, die die Vorfälle untersuchte. Sie kam zu dem Schluss, dass der König, obwohl er die Befehle unterschrieben hatte, unschuldig sei. Als Sündenbock musste sein Schottland-Minister herhalten, der seinen Hut nahm. Ihm wurde folgender Zusatz zum Verhängnis, den er angeblich eigenverantwortlich hinzusetzte: „Die Regierung erwartet, nicht mit Gefangenen belästigt zu werden."

Bis heute gilt das Massaker von Glen Coe als Schandfleck in der Geschichte der schottischen Clans. Die Campbells blieben über lange Zeit verhasst, viele Generationen von Kindern wuchsen mit dem Merksatz „never trust a Campbell" („traue keinem Campbell") auf. Schilder wie das ehemals an einem Gasthof in Glencoe angebrachte „Zutritt für Hausierer und Campbells verboten" entlocken den meisten Schotten heute jedoch nur noch ein Lächeln.

Das „Lament o' Glencoe" ist eine der ergreifendsten Dudelsackmelodien.

51

# Golf

Ein Schäfer soll einst mit seinem gekrümmten Schäferstab Steine erst vor sich hergetrieben und dann in Kaninchenlöchern versenkt haben. Es ist nicht mehr eindeutig zu klären, ob es ein Schotte war, dem solches widerfahren und demnach Schottland die Heimat des Golfs ist, sein Gelobtes Land ist es ohne Zweifel. Seit dem 15. Jahrhundert dort belegt und 1744 in Regeln gefasst, verfügt das Land über die größte Dichte an Golfplätzen – 450 bei 5,1 Millionen Einwohnern.

Die erste urkundliche Erwähnung ist ein Verbot, mit dem Jakob II. 1457 seinen Mannen das Golf- und das Fußballspiel untersagte, mit der Begründung, es lenke zu sehr vom militärisch notwendigen Drill mit dem Bogen ab. Dies konnte die Ausbreitung des Sports jedoch nicht verhindern, schon seine Ururenkelin, Maria Stuart, wusste sich mit dem Spiel schwere Stunden zu versüßen. Man sah sie lachend mit dem Schläger in der Hand und kritisierte sie dafür, denn erst zwei Tage zuvor war ihr zweiter Mann, Lord Darnley, auf obskure Weise zu Tode gekommen. Ihr Sohn, Jakob VI., führte das unterhaltsame Spiel schließlich in England ein, als er als Nachfolger der jungfräulichen Königin Elisabeth I. zusätzlich Herrscher dieses Landes wurde. Als er in seine neue Hauptstadt London zog, soll er Bälle und Schläger in seinem Gepäck dabei gehabt haben. Die Geburtsstunde der ersten 13 Regeln schlug in der 1744 gegründeten Honorable Company of Edinburgh Golfers, dem ältesten noch bestehenden Golf-Club der Welt.

Nur zehn Jahre später formierte sich im nahen St. Andrews an der Nordseeküste von Fife, heute das Mekka des Golfs, die Society of St. Andrews' Golfers, die dank königlicher Protektion später in Royal and Ancient Golf Club (R & A) umbenannt

Auch die Abmessungen und das Gewicht eines Golfballs wurden von Schotten festgelegt.

Das Clubhaus des Royal and Ancient Golf Clubs von St. Andrews ähnelt einem Palast.

wurde. Er wurde maßgeblich für das Regelwerk des weiß-grünen Sports. Nach den dort festgelegten Vorschriften wurde bis 2004 weltweit gespielt, mit Ausnahme der USA und Mexikos. Seine Mitglieder haben penibel festgelegt, dass ein Golfball höchstens 1,62 Unzen (45,93 Gramm) wiegen darf, 1,68 Zoll (42,67 Millimeter) mindestens im Durchmesser haben muss und mit bis zu 14 Hölzern, den Schlägern, in ein 4,25 Zoll (10,8 Zentimeter) breites Loch zu spielen ist. Die Hölzer unterscheiden sich im Material und im Neigungswinkel der Schlagfläche und ermöglichen es so, den Ball damit unterschiedlich weit zu schlagen. Dies ist gleich auch das Stichwort für die Erklärung des Namens, vermutlich lässt er sich vom Scots-Wort „gowff" ableiten, das „schlagen" bedeutet. Die Holländer, die die Erfindung des populären Sports ebenfalls für sich reklamieren, bringen ihn hingegen mit ihrem „Kolven" genannten Treibballspiel, das auf den zugefrorenen Kanälen der Niederlande seine Spieler fand, in Zusammenhang.

Ist St. Andrews das Mekka, so ist der Old Course die Kaaba des Golfsports, sein Allerheiligstes. Einst haben die Frauen hier, in der weitläufigen Graslandschaft außerhalb der Stadt, die Wäsche getrocknet. Dann erkannten die Gründer des Golf-Clubs von St. Andrews die wahre Bestimmung dieses Geländes und legten hier einen Golfplatz an, der hinaus bis in die Dünen der damals vor allem für die älteste Universität des Landes berühmten Stadt führte. Er bestand ursprünglich aus zwölf Löchern, von denen zehn zweimal gespielt wurden. Eine Runde Golf kam somit auf insgesamt 22 Löcher. Ein paar Jahre später wurden die ersten vier Löcher zu zweien zusammengelegt. Da sie zu jenen zehn gehörten, die auf dem Hin- und Rückweg genutzt wurden, war dadurch – eher zufällig – die erste 18-Loch-An-

Schottland ist die Heimat des Golfsports.

lage der Welt entstanden, der noch heute gültige Standard war gesetzt. Auf ihr zu spielen gleicht für Golf-Enthusiasten einer Wallfahrt. Er ist nicht leicht zu beherrschen, denn er gehört zu den „Links Courses". Ein solcher von der Natur geschaffener Platz, von denen es weltweit nur etwa 160 gibt, weist sandiges, hügeliges Terrain auf, das an die Küste grenzt und das fruchtbare Ackerland mit dem Meer verbindet (to link = verbinden). Nicht nur der Wind kann den Spieler mit plötzlichen heftigen Böen und wechselnder Richtung aus dem Konzept bringen. Noch schwieriger ist es, den Ball aus einer der zahlreichen Sandfurchen zu befreien, und besonders anspruchsvoll, mit sogenannten „blinden Schlägen" auf Ziele zu spielen, die durch die Dünen verdeckt sind.

Was heute Volkssport ist in Schottland, wo sich das Spiel mit dem kleinen weißen, nicht mehr aus Holz, Leder oder Guttapercha, sondern meist aus einem mit Kunststoff ummantelten Hartgummikern bestehenden Ball auch der „kleine Mann" leisten kann, war früher nur den besseren

Kreisen vorbehalten. Die 22 Gründer des R&A waren Landbesitzer, Professoren und Ärzte, zu den Vereinspräsidenten, die jeweils für ein Jahr amtieren, zählten neben schottischen Aristokraten drei Könige. 15 Prozent der Golfplätze des Landes sind öffentlich, doch auf den meisten privaten Anlagen sind auch Nichtmitglieder

Camoustie an der Ost- sowie Turnberry und Troon an der Westküste – jeder davon ein Links und einer von neun möglichen Austragungsorten des ältesten Golfturniers der Welt, der seit 1860 alljährlich stattfindenden Open Championships. Hier gehören der Nachweis eines bestimmten Handicaps und manchmal Beziehungen oder

zugelassen. Man kommt, sieht und spielt – traditionell in einem recht hohen Tempo. Etwas schwieriger ist es auf den besseren Plätzen: in Muirfield, das bei den Spitzenspielern der Welt als anspruchsvollste Prüfung gilt, St. Andrews und

auch nur etwas Glück dazu, einen der begehrten Abschlagstermine zu ergattern – sie werden zum Teil verlost. Die Clubhäuser bleiben aber auch dann meistens tabu, denn sie sind Mitgliedern vorbehalten.

Echten Liebhabern des Golfsports stockt bei diesem Anblick der Atem: der Old Course von St. Andrews

55

 Gretna Green

Ein langweiliger Ort in einer nichtssagenden Gegend, das ist Gretna Green. Und trotzdem war dieses Städtchen Schauplatz zahlreicher Familiendramen. Der Anlass war immer derselbe, eine Eheschließung, denn hier am südlichsten Grenzort zu England wurde so frech und frei drauflos geheiratet wie sonst nirgendwo in Europa. Es brauchte keinen Priester, kein Standesamt und schon gar nicht die Einwilligung der Eltern, um eine gültige Ehe zu schließen. Die Voraussetzung dafür war durch die Unabhängigkeit des schottischen Rechtssystems trotz der Union mit England gegeben. Als dort 1754 heimliche Eheschließungen verboten wurden, blieben sie im Nachbarland weiter erlaubt. Nach Recht und Gesetz war es dort lediglich erforderlich, sich vor zwei Zeugen gegenseitig das Ja-Wort zu geben, vorausgesetzt, Braut und Bräutigam hatten ein Mindestalter von 16 Jahren erreicht. Gretna Green wurde so zum Schrecken aller Eltern, Vormünder, Onkel und Tanten in England, die reiche oder schöne Mädchen zu hüten hatten. Obwohl nicht nötig, entwickelte sich im Laufe der Jahre eine unheilige Zeremonie, die durch einen Gastwirt oder den örtlichen Hufschmied durchgeführt wurde. 1856 machte man zur Bedingung, dass einer der Brautleute sich mindestens 21 Tage vor der Eheschließung in Schottland aufgehalten haben müsse. 1940 war es dann aber mit den liberalen Bestimmungen vorbei. Die Kirche setzte damals ein Gesetz durch, nach dem die Ehe nur noch Gültigkeit besaß, wenn sie in der Kirche oder vor dem Registrator geschlossen wurde. Das Image wurde aber auch weiterhin gepflegt, und romantische Paare reisten trotzdem ins schottische Grenzland, um sich dort – nun nach den neuen Erfordernissen – trauen zu lassen, so wie der ehemalige deutsche Außenminister Joschka Fischer, der hier 1967 seine erste Ehe schloss. Wie diese hatte auch das neue Gesetz eine relativ kurze Verfallszeit: Das die Vorschriften verschärfende Dekret wurde 1979 wieder abgeschafft.

Hier schloss Joschka Fischer 1967 den ersten „Bund fürs Leben".

Selbst Europas Hochadel heiratete in der Dorfschmiede von Gretna Green, 1846 zum Beispiel der Bruder des Königs von Neapel eine ebenso schöne wie reiche junge Irin.

Haggis

Dein feines Gesicht sei von Glück erhellt,
Du Häuptling in der Würste-Welt!
Bist hoch über alle andern gestellt,
Ob Pansen, ob Darm:
Verdienst, dass man dein Lob erzählt
So lang wie mein Arm.

[...] Doch seht den Landmann, haggisgenährt,
Von seinem Schritt tönt zitternd die Erd,
Drückt ihm in die breite Faust ein Schwert,
Er lässt es tanzen;
Mit Armen und Köpfen er verfährt,
Wie mit Unkrautpflanzen.

Vor allem am Silvesterabend und am 25. Januar, dem Festtag des Dichters Robert Burns, von dem diese Zeilen stammen, isst man in Schottland Haggis. Ursprünglich ein Armeleuteessen, das rein äußerlich eine gewisse Verwandtschaft zum Pfälzer Saumagen nicht verleugnen kann, beginnt manch einer sich schon zu gruseln, wenn er die Zutaten erfährt: Leber, Niere, Herz und Lunge vom Hammel werden gehackt (daher auch der Name, frz. hachis = Gehacktes), mit Schafsnierenfett, Zwiebeln, Hafergrütze und Gewürzen vermischt und in den Pansen eines Schafs gefüllt. Das ganze wird, zu einer dicklichen Wurst geformt, vier Stunden gekocht und schließlich mit „needs and tatties", einem Püree aus Steckrüben und Kartoffeln, heiß serviert. Der Geschmack variiert ebenso wie bei allen Würsten und lässt sich problemlos mit einigen Schluck Whisky überdecken. Wahre Fans kaufen Haggis sogar in Dosen, so können sie sich jederzeit mit dem schottischen

Auch als Wurfgeschoss zu verwenden: Der Weltrekord im Haggis-Weitwurf liegt bei circa 55 Meter.

Nationalgericht versorgen, von dem Engländer behaupten, ihre Nachbarn hätten es aus der Not erfunden, die unverkäuflichen Reste ihrer wichtigsten Haustiere, der Schafe, verwerten zu müssen. Das Fleisch hätten sie gewinnbringend in den Süden der britischen Insel verkauft, den Abfall machten sie zur nationalen Delikatesse.

Die Zubereitung eines guten Haggis dauert vier bis fünf Stunden.

Harris-Tweed

Harris-Tweed ist nur echt mit diesem Qualitätssiegel.

Eine Insel mit zwei Namen: Harris und Lewis sind eine Insel, auch wenn Harris kulturell und landschaftlich wie ein separates Eiland wirkt. Es ist der kleinere, wildere Teil der größten Insel der Äußeren Hebriden. Ihn trennt von Lewis ein rund 800 Meter hoher Bergkamm. Doch nicht für die Landschaft ist Harris berühmt, sondern für ein robustes Textilgewebe in gedämpften Farben, den Tweed. Ihn stellten die Inselbewohner jahrhundertelang für den Hausgebrauch her und nannten ihn in ihrer Sprache „Clo Mhor", Großes Tuch. Mit der Beschaulichkeit war es 1846 vorbei, denn zuvor hatte es einen Besitzerwechsel gegeben. Lord Dunmore hatte große Teile der Insel gekauft, und besonders seiner Witwe lag daran, der hungernden Bevölkerung zu helfen. Sie sorgte dafür, dass der von den Einheimischen Tweel genannte Stoff auch auf dem Festland Popularität erlangte. Bald wurde die Alltagskleidung der Bauern und

Echter Harris-Tweed darf nur auf den Äußeren Hebriden hergestellt werden.

Fischer von Harris bei der feinen viktorianischen Gesellschaft zum letzten Schrei, der im Winter wärmende, im Sommer kühlende, Wasser und Wind abweisende Stoff besonders gerne zur Jagd getragen. Zu dieser Zeit passierte einem Londoner Stoffeinkäufer ein folgenreicher Fehler: Er notierte auf seinem Orderblock „Tweed" statt „Tweel" – und dabei blieb es. Schon vor 100 Jahren schlossen sich die Weber zusammen und sorgten dafür, dass Harris-Tweed als geschützte Marke anerkannt wurde und nur als echt gilt, wenn er mit einem Qualitätssiegel versehen wird, das einen von einem Malteserkreuz gekrönten Reichsapfel zeigt. Diese „Orb Mark" garantiert seit 1993 auch per Gesetz, dass „Harris-Tweed (...) ein Stoff aus reiner Schurwolle (ist), die auf den Äußeren Hebriden gefärbt und gesponnen und von Hand durch Einwohner der Inseln Lewis, Harris, Uist und Barra in deren Wohnhäusern gewoben wurde." Auch die weichere englische und australische Wolle darf verwendet werden.

# Hebriden

Die über 500 Inseln der Hebriden sind eine Art Wellenbrecher entlang der westlichen Atlantikküste. Ihre Fläche beträgt etwa 7200 Quadratkilometer, ungefähr das Doppelte von der Deutschen liebsten Urlaubsinsel, Mallorca. Nur etwa 65 von ihnen sind bewohnt. Der besseren Übersichtlichkeit wegen lassen sie sich nach ihrer geografischen Lage zum Festland hin noch einmal unterteilen: in Innere und Äußere Mitglieder im Club der schottischen Atlantikinseln. Die Inneren Hebriden, zu denen Arran, Iona, Islay, Jura, Mull, Staffa und Skye gehören, schmiegen sich relativ dicht an die britische Hauptinsel an, so dicht, dass Letztere sogar durch eine Brücke mit ihr verbunden ist. Ganz anders die Äußeren Hebriden: Lewis und Harris, North Uist, Benbecula, South Uist und Barra ziehen sich in nordsüdlicher Richtung etwa 50 bis 100 Kilometer vom Festland entfernt wie die gekrümmten Rückenwirbel eines Urzeitmonsters durch die

„ ... Cliffs of darkness, cares of wonder, echoing the Atlantic's thunder ..." (Sir Walter Scott)

rauen Gewässer des Atlantiks. Von den Klippen des Butt of Lewis bis hinunter zum Leuchtturm auf dem Felsen von Barra Head sind es mehr als 200 Kilometer.

„Hav bred ey", Inseln am Rande des Meeres, so nannten die Wikinger die Hebriden in ihrer Sprache. Bis ins 13. Jahrhundert gehörten sie zum Königreich Norwegen, doch schon vorher übernahmen die MacDonalds als Lords of the Isles die meisten der Inseln und errichteten dort eine Art Unterkönigreich, das auch Teile Nordirlands umfasste und bis 1493 bestand. Seit 1540 wird der Titel immer an den schottischen Thronfolger vergeben, momentan trägt ihn Prinz Charles.

Landschaftlich haben die Inseln der Äußeren Hebriden vieles gemeinsam: weiß oder golden leuchtende, verlassene Sandstrände in ihrem nach Amerika weisenden Westen; dahinter Machair, mineralreiches Acker- und Weideland aus angewehtem Muschelsand, das jeder Frühling in üppig blühende Wiesen verwandelt.

Im Inneren der Inseln dominieren Wasser und Moor, das gen Osten in nacktes Gestein übergeht, das sich dann zu Bergrücken auftürmt oder wild zerklüftet in zahlreichen Riffs und Landzungen ins Meer verläuft. Wald ist sehr selten, eher ist der Boden von Heide bedeckt. Doch damit nicht genug der Gemeinsamkeiten: Überall weht zudem ein starker, manchmal stürmischer Wind, der – feucht und kalt – über dem Atlantik entsteht und auf seinem Weg nach Europa hier erstmals auf Land trifft. Außerdem wird hier das meiste Gälisch, die alte keltische Sprache der Iren und Schotten, gesprochen und – neuerdings – auch wieder besonders gepflegt.

Auf den Äußeren Hebriden, den Western Isles, die die Meerengen North und Little Minch sowie die Barrapassage von ihren nicht ganz so wilden inneren Geschwistern trennten, leben nur etwa 30 000 Personen. Arbeit ist knapp. Ein eher karges Auskommen bieten die Fischerei, das Crofting, eine Art Kleinbauerntum, und vermehrt auch der Tourismus, obwohl immer noch viele Schottlandbesucher den Weg bis zu diesen entlegenen Paradiesen scheuen.

Lewis und Harris ist die größte und bevölkerungsreichste aller Hebrideninseln. Als nördlichste der Äußeren Hebriden gilt sie für die Briten als das Symbol für Weltferne, von London aus ist der sturmumtoste schottische Außenposten so weit entfernt wie Turin. Die einzige Stadt, die einzige der gesamten Inselgruppe, ist Stornoway. Bekannt ist Lewis und Harris für den einzigartigen hier gewebten Stoff, den Harris-Tweed. Benannt wurde er nach dem kleinen Südteil der Insel, der von Lewis durch ein früher unwegsames Gebirge getrennt wird. Auch landschaftlich

Schottisches Stonehenge: In Form eines keltischen Kreuzes sind die Stehenden Steine von Callanish auf der Insel Lewis und Harris aufgestellt.

unterscheiden sich Lewis und Harris so voneinander, dass manche glaubten, sie haben es – darum der merkwürdige Doppelname – mit zwei Inseln zu tun: Harris wirkt wie eine Mondlandschaft und besteht fast ausschließlich aus Steinwüste. Lewis hingegen kommt sanfter daher, ist weich gewellt und von Mooren durchsetzt.

Noch menschenleerer sind die drei sich im Süden anschließenden Inseln North Uist, Benbecula und South Uist. Sie bestehen aus einem Gewirr von Inselchen, die über schmale Landzungen und Straßendämme miteinander verbunden sind. Es ist ein wahres Labyrinth aus Buchten, Fjorden, Seen und Bächen, das es oft unmöglich macht zu ent-

scheiden, woraus die einzelne Insel mehrheitlich besteht: aus Land oder aus Wasser.

Die größte Insel im Süden der Äußeren Hebriden ist Barra, deren 1200 Einwohner mehrheitlich in der einzigen Ortschaft, Castlebay, leben. Dort in der Bucht auf einem Felsen liegt die Stammburg der MacNeils, die hier jedoch seit 200 Jahren nicht mehr wohnen. Sie verkauften sie 1838 an einen Lowlander, der die Bevölkerung zwang, nach Kanada auszuwandern – er brauchte Platz für seine Schafe. Der Flughafen der Insel kann mit einem Superlativ aufwarten: Er hat die einzige gezeitenabhängige Piste der Welt, denn er nutzt den feinen Sandstrand als Start- und Landebahn.

Größte und schönste Insel der Inneren Hebriden ist Skye. Ihr ist ein eigenes Stichwort gewidmet. Auch die zweitgrößte Insel, Mull, wird jeden Sommer von Touristenscharen heimgesucht, denn sie ist nur durch einen schmalen Meeresarm vom Festland getrennt. Sie bietet Natur satt, hat eine 500 Kilometer lange Küstenlinie und bis zu fast 1000 Meter hohe Berge. Die Small Isles, kleine Inseln zwischen Skye und Mull, sind dagegen noch weitgehend unentdeckt und werden nur von wenigen Menschen bewohnt. Noch kleiner sind die beiden westlich Mull vorgelagerten Eilande, Iona, das in einem eigenen Kapitel behandelt wird, und Staffa. Ihr Name ist Programm, denn „Säulen" gleich ragen erstarrte Lavapfeiler vor der 70 Meter tiefen und 20 Meter hohen

Fingal's Cave in den Himmel. Die Höhle soll den Komponisten Felix Mendelssohn Bartholdy zu seiner „Hebriden-Ouvertüre" inspiriert haben. Zuletzt sei noch Islay erwähnt, gilt diese Irland

Eine Laune der Natur: Fingal's Cave auf Staffa

nächstgelegene schottische Insel doch als eine von vier Whisky-Regionen des Landes. Die hier produzierten Destillate erkennt man an ihrem kräftig torfigen Geschmack.

Highlander

1536 in einem schottischen Dorf in den Highlands: Connor MacLeod wird bei einem Kampf so schwer verletzt, dass der Tod unausweichlich scheint – doch er überlebt auf wundersame Weise. Den Mitgliedern seines Clans ist dies nicht geheuer und sie verstoßen ihn. Er zieht sich mit seiner Frau in einen einsamen Wohnturm zurück und trifft kurz darauf auf einen Spanier, der ihn über seine Bestimmung aufklärt: Er ist einer der nahezu Unsterblichen, die nicht altern, keine Kinder zeugen und nur durch Enthaupten getötet werden können. Sie bekämpfen sich gegenseitig, da die Kraft eines jeden auf seinen Mörder übergeht. Am Ende wird nur einer übrig bleiben ... Um zu vermeiden, dass dieser Eine der böse Widersacher des Highlanders namens Kurgan sein wird, lehrt der Spanier MacLeod den Schwertkampf. Er selbst wird im Zweikampf schließlich von Kurgan enthauptet. Mit dem Wunderschwert seines Lehrers bewaffnet, durchlebt der Highlander die folgenden 450 Jahre und wechselt dabei ständig seine Identität.

Als Antiquitätenhändler in New York stößt er wieder auf seinen alten Widersacher. Den finalen Kampf gegen Kurgan kann er für sich entscheiden. Als Preis erhält er seine Sterblichkeit zurück und die Macht, Gedanken zu lesen. Mit seiner Geliebten zieht er zurück in das Land, in dem alles begann: Schottland.

Der Film mit dem Schotten Sean Connery als spanischer Unsterblicher und Christopher Lambert als Highlander McLeod in den Hauptrollen war einer der Überraschungserfolge des Jahres 1986. Die Mischung aus **Es kann nur einen geber** Fantasy und moderner Action mit einem Schuss Romantik kam so gut in den Kinos an, dass drei Sequels folgten, sogar eine TV-Serie schloss sich an. Die großartigen Bilder, vor allem die Sequenzen in den schottischen Highlands, wissen den Zuschauer ebenso zu fesseln wie die Musik der Rockgruppe Queen. Eine bessere Werbung für das Land des Dudelsacks und des Kilts hätte sich das schottische Tourismusamt nicht einfallen lassen können.

Unsterbliche Verbündete: Sean Connery (links) und Christopher Lambert, die beiden Stars des Schwertspektakels

Highland Games

In Schottland wird immer irgendwo ein Fest gefeiert. Besonders beliebt sind die Highland Games (Hochland-Spiele) oder Highland Gatherings (Hochland-Treffen). Jedes Jahr werden zwischen Mai und September bis zu 100 dieser scherzhaft auch „Müsli-Olympiaden" genannten Wettkämpfe zu den Klängen von herrlich dröhnender Dudelsackmusik abgehalten, bei denen als Sportkleidung der Kilt vorgeschrieben ist. Bereits vor 900 Jahren, so will es die Überlieferung, ließ der schottische König Malcolm III. seine Soldaten zu Manövern versammeln, von denen nach einem Kräftemessen in verschiedenen Disziplinen die stärksten in seine Leibgarde aufgenommen wurden. Zudem erfand er einen Wettlauf auf den Gipfel des Craig Choinnich und belohnte den Sieger mit einem Gürtel, der das königliche Wappen trug. Das Rennen ist noch heute der Höhepunkt der Spiele in Braemar, allerdings ist mit dem Sieg nicht mehr der Dienst als königlicher Bote verbunden. Nachweislich wurde eine Urform der heutigen, im viktorianischen Zeitalter erfundenen Highland Games jedenfalls schon 1314 in Ceres im Distrikt Fife abgehalten, einem pittoresken Ort, der die Tradition pflegt und Jahr für Jahr Spiele in kleinerem Maßstab veranstaltet.

Bei den Kilt-Olympiaden finden Wettkämpfe in den merkwürdigsten Disziplinen statt, es gibt mehr als 45 davon, sportliche, Volksmusik- und Volkstanzwettbewerbe. Aus dem 18. Jahrhundert hat sich folgende Beschreibung erhalten: „Die Spiele waren von der allgemein üblichen Art – Tänze, Dudelsackmusik, einen schweren Feldstein heben und ein Wettlauf nach Invergarry und zurück, sechs Meilen. Eine Bravourleistung, die ich nie wieder gesehen habe, bestand aus dem Herausdrehen der vier Beine einer Kuh." Bleibt zu hoffen, dass es sich um ein totes Tier handelte. Glücklicherweise wird das Beineherausdrehen heute nicht mehr ausgeübt. Es gibt jedoch genügend andere traditionelle Sportarten, die Zuschauer, Einheimische und

Touristen in Scharen anlocken. Dazu gehört zum Beispiel das Hammerwerfen: Es ähnelt der olympischen Disziplin, nur dass es sich hier um einen Hammer mit festem Stiel handelt. Bullige Mannsbilder versuchen sich auch im Steinweitwurf oder im Schleudern eines 13 bis 25 Kilogramm wiegenden Eisengewichts mit Griff rückwärts über eine 4,5 Meter hohe Stange. Doch weder das Hantieren mit gewaltigen Gewichten, zusammengefasst zu den sogenannten „Heavyweights" (Schwergewichte), noch das Tauziehen, der Wettlauf oder das Ringen gelten als Königsdisziplin der Highland-Olympiaden, sondern „tossing the caber". Der „caber", ein 60 Kilogramm schwerer und 6 Meter langer, von den Ästen befreiter Baumstamm, wird dem in der Hocke sitzenden Kiltathleten aufrecht in die verschränkten Hände gestellt. Der steht auf, läuft ein Stück, balanciert dabei das ihn um Einiges überragende Holz und schleudert es dann abrupt nach oben. Es muss so geworfen werden, dass es in der Luft

Kraftprotze im Kilt: Zum Baumstammwerfen braucht es ganze Kerle.

einen halben Salto beschreibt und so vor dem muskelbepackten Hochländer landet, dass es, steht der noch schnaufende Werfer auf sechs Uhr, imaginär auf zwölf zeigend zum Liegen kommt. Nicht nur Kraft ist hier gefordert, sondern vor allem Beweglichkeit und Geschick.

Beides gilt natürlich auch für die Tanzwettbewerbe, deren Vorstellungen gleichzeitig mit den sportlichen Wettkämpfen stattfinden. Hierbei dominieren anmutige Frauen und Mädchen.

Den Gewinnern winkt neben der Siegprämie edler Whisky.

Am bekanntesten ist der Gille Calum, der Schwerttanz, dessen Ursprung im Jahr 1054 zu finden ist. Damals soll König Malcolm III., nachdem er einen der Feldherrn seines Vorgängers Macbeth getötet hatte, sein Schwert und das des Besiegten so auf den Boden gelegt haben, dass sich deren Klingen überkreuzten. Dann führte er ein Tänzchen darüber auf, und zwar ohne die Schwerter mit den Füßen zu berühren. Das Herumgehüpfe wurde zum Schlachten-Orakel:

Wurden die Klingen berührt, blieb man besser zu Hause. Auch der Highland Fling, ein Solotanz im Stepprhythmus, hat seine besondere Geschichte. Sie berichtet von einem Großvater, der seinen Enkel angesichts zweier balzender Hirsche einst dazu aufforderte, beim Tanzen seine Hände zu heben, um so deren Geweih nachzuahmen. Er wurde früher auf einem Schild ausgeführt, was die Erklärung dafür ist, dass die Schritte sehr klein sind und selbst bei den Drehungen die Position kaum verändert wird. Beim Sean Truibhas – dem gälischen Ausdruck für alte Hosen – verspottet der Tänzer schließlich die verhassten Beinkleider. Der Tanz soll nach dem Verbot des Kilts infolge der Schlacht bei Culloden entstanden sein.

Die höchste Anerkennung und der höchste Preis gebühren jedoch weder den kraftstrotzenden Sportlern noch den grazilen Tänzerinnen. Er wird dem Gewinner des Dudelsacksolowettbewerbs im Pibroch verliehen. Schon alleine für die Konzentration hätten die Teilnehmer an dieser Disziplin einen Preis verdient, denn alles findet bei den Highland Games gleichzeitig statt: Eine 40-Mann-Band bildet einen Klangteppich im Hintergrund, nebenan ächzen die Kraftmeier und gegenüber pfeift ein einsamer Dudelsack die Begleitmusik für die Tänzer. In drei Genres müssen sich die Solisten messen, dem Pibroch, der klassischen schottischen Musik für die Great Highland Bagpipe, in Märschen und der Tanzmusik, Strathpeys und Reels.

Die berühmtesten Hochland-Wettkämpfe sind die von Braemar, einem beschaulichen Örtchen am Dee, nicht weit von Balmoral, dem Sommerdomizil der Queen. Sie ist die Schirmherrin der Spiele, die immer am ersten Samstag im September stattfinden. Schon ihre highlandbegeisterte Ururgroßmutter, Victoria, bestaunte hier die schottischen Athleten. Nähe und Tradition bringen es mit sich, dass Hoheit nebst Prinzgemahl normalerweise unter den fast 20 000 Zuschauern zu finden ist, die alljährlich ins schottische Olympia pilgern. Bilder belegen, dass dies für die Queen mehr ist als ein Pflichttermin: Yes, she is amused.

Die Schirmherrin der Spiele von Braemar in ihrem Pavillon

Highlands

Im Osten etwa bei Perth, im Westen ein Stück nördlich von Glasgow beginnt die raue, wirtschaftlich unterentwickelte Bergwelt der Highlands mit den höchsten Gipfeln und den schönsten der etwa 30 000 schottischen Lochs. Sie werden zweigeteilt durch den 160 Kilometer langen Grabenbruch des Great Glen. Dieser „Große Graben" verläuft von Südwesten nach Nordosten und besteht im Wesentlichen aus den drei Seen Loch Lochy, Loch Oich und Loch Ness, die von Fort William bis nach Inverness, der Hauptstadt des Verwaltungsbezirks Highland, reichen. Südöstlich davon liegen die unwirtlichen Grampian Mountains mit ihren endlosen Heidelandschaften. Auf der anderen Seite erstrecken sich die nordwestlichen Highlands, zerklüftete, bis über 1300 Meter hohe Berge in einer menschenleeren Gegend, Folge der Highland Clearances. Ende des 18. Jahrhunderts, nach dem Niedergang des alten Clan-Systems, begannen die neuen Herren, die auch aus den Lowlands und aus England stammten, mit der „Bereinigung" ihrer Ländereien. Seit Jahrhunderten dort lebende Kleinpächter, Crofters, wurden zwangsweise von ihrer Scholle vertrieben, das Land konnte profitabler für die Schafzucht genutzt werden. Lebten 1745 in den Highlands noch 60 Prozent der schottischen Bevölkerung, waren es etwa hundert Jahre später noch rund 15 – heute sind

Heimat der Clans und des Whiskys

es gerade einmal 6 Prozent. Die meisten von ihnen suchten ihr Glück in der Auswanderung in die USA, nach Australien und Kanada, nicht zuletzt in die dortige Provinz Nova Scotia. Es war ein Menschenschlag, der als freiheitsliebend, mutig, heimatverbunden und vor allem als stolz galt. Waren Highlander früher meist katholisch und beherrschten die gälische Sprache, so gibt es heute jedoch kaum noch typische Eigenschaften, die man ihnen im Gegensatz zu den Lowlandern zubilligen würde.

Nur acht Einwohner pro Quadratkilometer: die schottischen Highlands

Iona

Ross: Wo ist der Leichnam Duncans?
Macduff: Fort gen Westen, nach Icolmkill, dem Beinhaus seiner Ahnen.

So heißt es in Shakespeares Drama „Macbeth". Ein Beweis fehlt zwar, doch die Überlieferung kennt keine Zweifel: König Duncan, der von Macbeth Ermordete, liegt wie 47 andere schottische Könige auf der kleinen Hebrideninsel Iona, dem alten Icolmkill, begraben. Schließlich wurde hier auch der Mörder Duncans selbst, Macbeth, beigesetzt, der 1057 starb. Auf den ersten Blick ist die Insel unauffällig: mit einer Länge von fünf und einer Breite von nur zwei Kilometern nicht besonders groß, dazu fast baumlos und von nur 80 Einwohnern bewohnt. Das einzige Dorf heißt „The Village", dessen Hauptstraße „The Street". Dennoch ging ein Aufschrei durch ganz Schottland, als der Herzog von Argyll, dessen Vorfahren die Insel 1693 als Belohnung für ihre Beteiligung am Massaker von Glen Coe erhalten hatten, Iona 1979 zum Verkauf stellte. Warum die Aufregung? Weil es sich um die Wiege des Christentums in Schottland handelt. Der heilige Kolumban, ein irischer Prinz, suchte und fand auf der fruchtbaren Insel 563 sein Exil. In biblischer Idealbesetzung – mit zwölf Mann – gründete er hier ein Kloster und missionierte von Iona aus die Pikten im Norden Schottlands. Nach seinem Tod bestand die von ihm gegründete Gemeinschaft noch über 200 Jahre und musste dann den Wikingern weichen. Fortan aber war es für die Spitzen der Gesellschaft en vogue, in der geweihten Erde von Iona bestattet zu werden, bis man die weite Reise auf die Insel scheute und Dunfermline als Bestattungsort wählte. Nach einem kurzen Aufblühen im 16. Jahrhundert verfielen die kirchlichen Bauten. Erst 1938, mit der Gründung der Iona Community, einem Priester- und Leihenorden, kam die Wende. Sie lockt seither bis zu eine halbe Million Menschen jährlich auf das Eiland auf der Suche nach spirituellen Werten.

Die kleine Insel gal[t] jahrhundertelang a[ls] „Heilige Stätte."

Die Anfang des 20. Jahrhunderts wieder aufgebaute Abteikirche von Iona war vor der Reformation die Kathedrale der Hebriden.

74

Irn-Bru

Ein Sensenmann mit dem Slogan „Hab' keine Angst. Du bekommst auf der anderen Seite immer noch Irn-Bru", eine goldige Kuh, die mit Irn-Bru heruntergespült werden will, wenn sie einst als Hamburger auf dem Tisch landet, oder ein zahnloses altes Weib mit der Forderung „Gib mir dein Irn-Bru, oder ich steck dir meine Zunge in den Mund" – die Werbung für den abscheulich schmeckenden Saft war schon

Das schottische Nationalgetränk Nummer zwei

immer sehr speziell, was auch erklären mag, dass es nicht überall auf der Welt so sehr geschätzt wird wie in der Heimat. Der auch als milderndes Mittel gegen die Nachwirkungen von Schottlands Nationalgetränk Nummer eins, dem Whisky, geschätzte koffeinhaltige Softdrink ist für seine leuchtend orangene Farbe bekannt. Der Mythos berichtet, es werde aus Eisenträgern hergestellt, doch in Wirklichkeit ist es eine Mischung aus 32 Zutaten. Das sprudelnde „Eisen-Bräu" („Iron-Brew" = Irn-Bru) enthält vor allem kohlensäurehaltiges Wasser, Zucker,

Zitronensäure sowie Koffein und unterscheidet sich darin in nichts von seinem größten Konkurrenten um den Preis als beliebteste Brause, Coca-Cola, die in den letzten Jahren aufgeschlossen hat. Doch dazu kommen Eisenzitrat, Ammonium, Konservierungsmittel, die Färbemittel E110 „Sunsetgelb" und E124 „Cochenillerot" sowie Aromen. So weit, so bekannt. Doch das Geheimnis, in welchem Verhältnis diese Inhaltsstoffe gemischt werden, wird sorgsamst gehütet. Nur zwei Personen sind eingeweiht, der Urenkel des Gründers des inzwischen an der Börse notierten Getränkeherstellers und dessen Tochter. Sie mixen persönlich alle vier Wochen den Grundstoff der seit 1901 erhältlichen Limonade, die, so meinen Spötter, auch dafür verantwortlich sei, dass schottische Kinder die schlechtesten Zähne im europäischen Vergleich hätten. Das ficht Sean Connery, seines Zeichens Superschotte und erster James-Bond-Darsteller, nicht an: Er wählte Irn-Bru für eine Ausstellung als Sinnbild seines Heimatlandes aus.

Kilt

Mel Gibson als „Braveheart" – ein Bild von einem Mann, wie er, das Schwert in der Hand, den Kilt bis über die strammen Waden reichend, gegen die Engländer zu Felde zieht. Doch Halt: Wir schreiben das 13. Jahrhundert und der Kilt war überhaupt noch nicht erfunden. Selbst sein Vorgänger, das gegürtete Plaid, tauchte erst Ende des 16. Jahrhunderts in den schottischen Highlands auf. Ähnlich der römischen Toga war es ein Überwurf aus Wollstoff, der auf verschlungene Art und Weise um den Körper gewickelt und von einer Brosche oder Nadel über der Schulter gehalten wurde. Das etwa fünf Meter lange Tuch endete, um besser zu wärmen, stark gefaltet über dem Knie und war auch als Decke gut zu gebrauchen. Reine antischottische Propaganda ist die Geschichte, dass es ein Engländer gewesen sei, der vor etwa 300 Jahren auf die Idee kam, den unteren Teil des Plaids als Rock abzutrennen. Er besaß eine Eisengießerei und wollte, so die

Der Kilt ist traditionell Männern vorbehalten.

Schotten tragen genauso häufig Kilt wie Deutsche Lederhosen – nämlich nur zu besonderen Anlässen, wenn überhaupt; hier beim Treffen der Clan-Chiefs mit Prinz Charles.

Legende, seine schottischen Arbeiter davor bewahren, sich mit ihren fünf Metern Stoff in den Maschinen zu verfangen. Versehen mit festgenähten Falten und dem typischen Karomuster, dem Tartan, an dessen Farbkombination die Clanzugehörigkeit des Trägers abzulesen ist, sei so der Kilt entstanden. Sein Name leitet sich von „kilted", zu Deutsch: „in Falten gelegt", ab. Ergänzt wird er von einer Art Schärpe und dem „sporran", einer vor dem Schritt getragenen Ledertasche mit Fellbehang zum Schutz des Gemächts und als Ersatz für die nicht vorhandenen Hosentaschen. Traditionell ergänzt wird der heutzutage aus bis zu acht Metern Stoff geschneiderte Kilt tagsüber von einem Tweedjackett mit Weste, zu festlichen Anlässen trägt der Schotte Spitzenjabot und schwarze Jacke. Dazu geschnürte Schuhe und wollene Kniestrümpfe, in denen der „dirk", eine Art Dolch, steckt. Achtung: Steckt er innen, bedeutet das Krieg! Wäre nur noch zu klären, was der echte Schotte unter dem Kilt trägt …

 Loch Ness

Dem Bericht nach war es ein Wunder, das sich im Frühsommer des Jahres 565 in den schottischen Highlands ereignete. Der später heiliggesprochene irische Missionar Kolumban ging mit einigen Getreuen auf Wanderschaft, um die hier hausenden Pikten zu bekehren, da sah er wie eine Gruppe Einheimischer einen Mann begrub. Er erkundigte sich, was passiert sei, und erhielt zur Antwort, dass eine Ausgeburt des Teufels, ein scheußliches Wassermonster, den Mann attackiert habe, als dieser durch den Fluss Ness schwimmen wollte. Kolumban erkannte seine Chance und bat einen seiner Getreuen, es dem Toten gleichzutun. Und wirklich, die Bestie zeigte sich, wie es die Männer prophezeit hatten. Da schlug der unerschrockene Kirchenmann das Zeichen des Kreuzes und befahl dem Ungeheuer, zurückzuweichen. Tatsächlich verschwand es wieder in dem Gewässer, einem zwölf Kilometer langen Abfluss von Loch Ness. Die heidnischen Pikten aber bestaunten den Mut Kolumbans und wurden Christen.

Ein Bericht, wie er in Heiligenviten immer wieder vorkommt? Oder die erste überlieferte Sichtung von Nessie, wie das inzwischen im Loch Ness lokalisierte Monster mit zärtlicher Verniedlichung genannt wird? Etwa tausend Jahre blieb es ruhig um Schottlands UFO (= Unbekanntes Fischobjekt). Dann erschienen spärliche und wenig glaubhafte Berichte von einem riesigen Tier, gar von schwimmenden Inseln in Großbritanniens volumenmäßig größtem See. Richtig berühmt wurde es erst 1933, als ein Redakteur des „Inverness Courier" mit einem Leitartikel die Jagd auf Nessie einläutete. Hunderte von „Sichtungen" des legendären Ungeheuers folgten in den Jahren und Jahrzehnten danach bis heute. Meist ist dann die Rede von einem langen Hals mit einem kleinen Kopf, der wie ein Pferd, ein Salamander oder ein Frosch aussieht und mit heftigen Spritzern aus den dunklen Fluten auftaucht. Wer glaubt, es handele sich bei den Zeugen nur um Wichtigtuer, Spinner oder Sonderlinge, der irrt. Ein

Chemie-Nobelpreisträger ist ebenso dabei wie Lady Maud Baillie, die Schwägerin des britischen Premierministers Harold Macmillan.

Ein typisches Phänomen des vor allem in der Presse bekannten Sommerlochs, mögen Skeptiker einwenden, reines Seemannsgarn oder ein geschickter Schachzug der schottischen Tourismusindustrie? Nichts von alledem, sagen seriöse Nessie-Forscher, denn für die Existenz des Riesentiers gibt es Beweise. Sie meinen damit nicht etwa die zahllosen unscharfen Fotos oder Filme, die in gewisser Regelmäßigkeit auftauchen und genauso regelmäßig als mehr oder weniger geschickte Fälschungen entlarvt werden. Den stärksten Anhaltspunkt für die Existenz eines unbekannten Tieres in den Tiefen von Loch Ness liefern ungeklärte Sonarkontakte, die auf ein zwischen 10 und 15 Meter langes Wirbeltier hinweisen, das über Kiemen atmet. Warum nun also nicht einfach mit einer Unterwasserkamera den See erforschen? Zum einen ist er mit 36 Kilometern Länge und 1,5 Kilometern Breite nicht nur recht groß, sondern vor allem besonders tief. Die größte bisher gemessene Tiefe beträgt 325 Meter – die Nordsee kommt durchschnittlich nur auf 93. Zum anderen ist Loch Ness voll kleinster Torfpartikel und darum undurchsichtig wie eine Tasse schottischen Tees. Es scheint so, als habe sich der unheimliche See mit seinem monströsen Bewohner verbündet. Er war ursprünglich ein Meeresarm, ein Teil des Great Glen, des Großen Grabens,

In Wirklichkeit ein Spielzeug-U-Boot mit angeklebtem Hals: berühmtes Nessie-Foto aus dem Jahr 1934

Die Guiness-Brauerei hat 500 000 Pfund für denjenigen ausgesetzt, der „Nessie" fängt.

der das Hochland von Südwesten nach Nordosten durchschneidet, gefüllt mit Salzwasser. Vor 10 000 Jahren, nach der letzten Eiszeit, hob sich das Land und der Meeresarm wurde zum See. Schlecht für Nessie, denn sie (oder er?) war hier nun gefangen. Gut, dass das Gewässer so fischreich ist, hier ließ es sich einigermaßen angenehm (über-) leben. Doch was für ein Lebewesen kann mehrere Tausend Jahre alt werden? Etwa ein Plesiosaurier, so die populärste Hypothese, wie es ihn in der Kreidezeit gab? Es müssten sich wohl 30 bis 50 von dieser Art hier tummeln, denn so viele wären nötig, damit eine Spezies über einen so langen Zeitraum existieren kann. Doch angenommen, es hätten wirklich ein paar dieser Exemplare die letzten 70 Millionen Jahre überlebt, und weiterhin angenommen, sie

hätten den Sprung vom Salzwasser ins Süßwasser unbeschadet überstanden: Wieso wurden diese Lungenatmer, die – wie Wale – regelmäßig zum Luftholen auftauchen müssten, bisher nur so selten gesehen?

Der Jurassic Park in den Highlands bleibt ein lohnendes Geschäft. Eine halbe Million Besucher strömen jährlich an den düsteren See, besuchen die drei Monster-Museen in der näheren Umgebung und versorgen sich mit einem Ungeheuer aus Plüsch oder Schokolade. Vorsichtshalber wurde es bereits 1934 unter Naturschutz gestellt. Niemand soll auf die Idee kommen, es für die von der Guinness-Brauerei ausgelobte Belohnung von 500 000 Pfund einzufangen. Sollte es Ihnen also aus Versehen ins Netz gehen, so werfen Sie es doch bitte gleich in den See zurück.

Nichts Genaues sieht man nicht: Nessie unter Wasser 1975

# Mac

Wer, als Verehrer des bedeutendsten Designers Schottlands, schon einmal versucht hat, in einem Glasgower Telefonbuch die Nummer der Mackintosh Society zu finden, dürfte schier verzweifelt sein, denn die Seiten sind voll von Mac(s). MacDonald, MacLeod oder MacPherson – spaltenweise findet man diese Familiennamen. Bei dem Namensbestandteil

Ganz Schottland scheint nur aus Familien zu bestehen, die mit Mac oder Mc beginnen.

Mac handelt es sich um ein Patronym, das „Sohn von" bedeutet. Der Vor-Nachname ändert sich auch nicht, wenn es sich um eine „Tochter von" handelt. So kommt es, dass sich keiner an Namen wie Mary MacDonald stößt, obwohl er, wörtlich übersetzt, „Maria, Sohn des Donald", bedeutet. Im Gälischen, der alten Sprache Schottlands, aus der das Mac stammt, gibt es hingegen auch die Möglichkeit, den Namen dem Geschlecht anzupassen. So

Das berühmteste Mc der Welt stammt nicht aus Schottland: Maurice und Richard McDonald waren Nachkommen von Iren.

würde aus den Geschwistern James und Anne MacKenzie auf Gälisch Seumas MacCoinnich und Anna NicCoinnich. Überhaupt die Frauen.

Bis ins 18. Jahrhundert behielten sie ihren Mädchennamen, wenn sie heirateten. Die Männer hingegen trugen meist den Familiennamen des Clans, zu dem sie gehörten, sei es, weil sie tatsächlich Mitglied der jeweiligen Großfamilie waren, sei es, dass sie sich ihnen einfach zugehörig fühlten. Das erklärt auch die Häufung einiger Namen – MacNeil, eher eine überschaubare Menge, zählt etwa 120 000 Namensvetter. Sie sind über die ganze Welt verbreitet und auch die Macs in den schottischen Telefonbüchern zählen nicht alle einen kilttragenden Highlander zu ihren Vorfahren. Viele stammen von irischen Einwanderern ab, bei denen, da auch dort eine Variante des Gälischen gesprochen wird, ebenfalls das „Mac" als Namensbestandteil verbreitet ist. Für Iren und Schotten gilt als Faustregel, dass nach dem Patronym nur manchmal klein-, in der überwiegenden Zahl der Fälle jedoch großgeschrieben wird. Warum dies so ist? – Selbst die Namenskundler haben dafür keine schlüssige Erklärung ...

Macbeth

William Shakespeare war kein Schotte – so viel steht fest. Dass er sich trotzdem eines historischen Stoffes angenommen hat, der aus dem Land der Kiltträger stammt, und so dafür gesorgt hat, dass der Name eines schottischen Königs aus dem 11. Jahrhundert zumindest bei den heutigen Theater- und Opernbesuchern noch immer präsent ist, hat jedoch mit einem Schotten zu tun, dem Sohn Maria Stuarts. Er wurde 1603 englischer König – von Schottland war er es bereits zuvor – und Shakespeare war sein Hofdichter. Was lag da näher, als den neuen Herrscher mit einer Geschichte aus dessen Heimat zu erfreuen? Das Stück „Macbeth" schildert Aufstieg und Fall eines schottischen Fürsten. Ihm wird von drei Hexen geweissagt, dass er eines Tages König sein, es aber nicht bleiben würde. Von seiner ehrgeizigen Frau dazu verleitet, ermordet er König Duncan und daran anschließend alle, die – wie er glaubt – seine neue Position potenziell bedrohen. Macbeth wird immer mehr zum paranoiden Tyrannen, der sich von den Geistern der Ermordeten verfolgt sieht. Auch seine Frau verliert den Verstand und nimmt sich das Leben, er aber wird von einem Verbündeten der Söhne Duncans erschlagen. Der historische Macbeth war keinesfalls der wahnsinnige Mörder, wie er bei Shakespeare gezeigt wird. Kaum denkbar, dass abergläubige Schauspieler es wegen der realen Figur nicht wagen würden, den wahren Namen des Stückes zu nennen, weil ihnen sonst ein schlimmes Missgeschick widerführe. Flüstern sie sich etwas von „The Scottish play" zu, ist Macbeth gemeint. Der wahre König dieses Namens wurde 1005 nach Christus geboren und 1040 zum König, nachdem er für den Tod seines Vorgängers Duncan I. gesorgt hatte. Dessen Sohn Malcolm rächte seinen Vater und tötete Macbeth 1057. Immerhin hatte er bis dahin 17 Jahre geherrscht – für schottische Könige des Mittelalters eine sehr lange Zeitspanne.

Keines der Dramen Shakespeare ist so düster, voll von Übersinnlichem, gepaart mit Mord und Wahnsinn wie „Macbeth".

In Glamis Castle nahe Dundee könnte Macbeth laut Shakespeare König Duncan ermordet haben. Der heutige Bau stammt allerdings aus dem 17. Jahrhundert.

✠ Mackintosh, Charles Rennie

Am Ende des 19. Jahrhunderts gehörte die Glasgow School of Art zu den führenden Akademien Europas. Galt dies schon früher für die schönen Künste, so erreichten Ende der 1890er-Jahre auch Architektur und Kunsthandwerk internationale Anerkennung. Zu verdanken war dies nicht zuletzt einem Architekten, Designer und Maler von Weltrang: Charles Rennie Mackintosh, dem Begründer des Glasgow Style. Geboren am 7. Juni 1868 in Glasgow als viertes von elf Kindern von William McIntosh und Margaret Rennie, ging er bei Honeyman and Keppie, einem der führenden Architekturbüros der Stadt, in die Lehre. Parallel dazu besuchte er Abendkurse für Malerei in der Glasgow School of Art. Dort lernten er und sein Freund James Herbert McNair die Schwestern Margaret und

Frances Macdonald kennen, die sie später heiraten sollten. Alle vier entwickelten gemeinsam innovative grafische Ideen und Designs, Stoffe, Möbel und Metallarbeiten, die erste Jugendstilelemente vorwegnahmen. Gleichzeitig reifte Mackintosh als Architekt. Bereits mit 28 Jahren gelang ihm der Durchbruch: Über Nacht wurde er mit seinen Plänen für den Neubau der Glasgow School of Art zum bekannten Mann. Er entwarf den Bau von innen heraus, gestaltete den Außenbau klar und funktional mit Anklängen an die mittelalterlichen schottischen Turmhäuser. Die Dekore zeigen jedoch reinsten Jugendstil, wenngleich auch eher gradlinig, fast kantig, nicht ornamental und schwülstig, wie er in anderen Teilen Europas, besonders in Wien, zur Ausführung kam. Wegen Geldmangels musste alles schlicht und preiswert sein, der West-flügel mit dem schönsten Raum des Hauses, der japanisch anmutenden Bibliothek, konnte erst 1906, zehn Jahre nach Baubeginn, in Angriff genommen werden. Als einziger seiner öffentlichen Bauten dient die Kunstakademie noch immer ihrer ursprünglichen Bestimmung.

Mackintoshs Ruf verbreitete sich schnell bis nach Österreich, wo er 1900 bei der 8. Sezessions-Ausstellung mit einem eigenen Pavillon gefeiert wurde, Italien, Russland und Deutschland, wo er 1901 in Darmstadt, dem Zentrum des deutschen Jugendstils, für einen Wettbewerb das „Haus eines Kunstfreundes" entwarf. Es wurde fast ein Jahrhundert später, 1996, in Glasgow verwirklicht. Nun stand Mackintosh auf der Höhe seines

Ruhms und seiner Schaffenskraft, war seit 1904 Partner bei Honeyman and Keppie und seit 1900 verheiratet. Sein Wohnhaus, das heute als Rekonstruktion in einem Glasgower Museum besichtigt werden kann, ist von asketischer Eleganz. Es herrscht der rechte Winkel, dunkle Esszimmerstühle mit Rückenlehnen wie Leitern und Lampen, die an Wolkenkratzer erinnern, künden von der schottischen oder besser der Mackintosh'schen Spielart des Jugendstils. Nüchternheit und Beschränkung statt spätviktorianischem Plüsch und Schwulst prägen die Räume – ein Design-Tempel, in dem Kinder keinen Platz hatten.

Einen Schwerpunkt im Werk des Architekten bilden die vier zwischen 1896 und 1917

Reinster Jugendstil: Musikzimmer im Glasgower „Haus eines Kunstfreundes"

89

entstandenen Teesalons, die Mackintosh für seine bedeutendste private Förderin, Catherine Cranston, gestaltete. Ihr Ziel als überzeugte Abstinenzlerin war es, die Glasgower Arbeiter zum Tee zu bekehren. Sie ließ ihm völlig freie Hand, was er auch weidlich nutzte. Von der Möblierung, der Beleuchtung und der Wanddekoration bis zu Besteck und Speisekarten trug alles seinen Stempel. Insbesondere entwarf er Stühle mit mannshohen Rücken-

Sein Konterfei ziert eine schottische 100-Pfund-Banknote.

lehnen, die er mehrfach variierte. Obwohl sie schon beim Ansehen Bandscheibenschmerzen verursachen, erzielen sie bei Auktionen heute Höchstpreise und gelten als Ikonen des modernen Designs. Eine dieser Ersatzkneipen, der im namensgebenden Weidenmotiv dekorierte Willow Tea Room, hat sich, wenn auch nicht ganz im Originalzustand, erhalten.

Der Prophet gilt wenig im eigenen Lande – eine weise Redewendung, die auch auf Charles Rennie Mackintosh zutraf. Kaum hatte er den Zenit seiner Laufbahn erreicht, musste er mit Anfeindungen und konservativem Spießertum zurechtkommen. Nur wenige Auftraggeber vertrauten ihm so wie Catherine Cranston. Auch die öffentliche Hand vergab nach 1906 keine Aufträge mehr an ihn. Schon vier Jahre zuvor hatte er erfahren müssen, dass seine Art des Bauens nicht nur Bewunderer hatte. Damals wurde sein für den Wettbewerb um eine neue Kathedrale in Liverpool eingereichter Entwurf einfach zurückgewiesen. Im gleichen Maße, wie seine Ablehnung wuchs, steigerte sich sein Eigensinn und seine Kompromisslosigkeit. Er verließ das Architekturbüro, dessen Partner er war, und zog 1914 mit seiner Frau nach London. Es war ein ungünstiger Zeitpunkt, denn der Erste Weltkrieg stoppte alle Bauvorhaben. Für die wenigen privaten Auftraggeber, die er dort fand, verwirklichte er vor allem Innendekorationen in einem veränderten Stil, der sich auf Primärfarben und geometrische Motive stützte. Vor allem finanzielle Gründe bewogen das

Ehepaar Mackintosh 1923 in den Süden Frank- reichs zu ziehen, wo sie in Port Vendres nahe der spanischen Grenze billiger leben konnten als in England. Sich nur noch seinen Aquarellen widmend, durchlebte er dort vier glückliche Jahre. Dann kehrte er nach London zurück. Er hatte nur noch kurze Zeit zu leben, denn er litt an unheilbarem Rachen- und Zungenkrebs. Ein

Jahr später war er tot, gerade einmal 60 Jahre alt, von der Welt fast vergessen. Seitdem wuchs sein Ruhm, und er wurde zum Aushängeschild Glasgows. Seine Möbel und Bilder, im Nachlass nach dem Tod seiner Frau 1933 auf weniger als 90 Pfund taxiert, sind heute mehr als das Zehntausendfache wert. Eine (zu) späte Ge- nugtuung für ein verkanntes Genie.

Zu den sechs bedeutends- ten Gebäuden Mackin- toshs, den „Big Macs", zählt Hill House westlich von Glasgows, für das er vom Kaminbesteck bis zum Garten alles entworfen hat.

Maria Stuart

Die tragische Heldin unter den schottischen Herrschern ist fraglos Maria, Königin von Schottland und Frankreich, aus dem Hause Stewart – sie bevorzugte die Schreibweise „Stuart". Sie war die Tochter einer Französin, Maria von Guise aus dem Hause der Herzöge von Lothringen, und des schottischen Königs Jakob V., der nach einer vernichtenden Schlacht gegen die Engländer im Dezember 1542 starb, sechs Tage nach der Geburt der Thronfolgerin – Maria Stuart wurde bereits als Säugling Königin. Als nahe Verwandte des vom Katholizismus abgefallenen englischen Königs Heinrich VIII. schien sie diesem gefährlich werden zu können, eine Gefahr, die er durch eine Verehelichung Marias mit seinem Sohn Eduard bannen will. Doch Marias Mutter weigert sich. Heinrich reagiert aufbrausend, überzieht Schottland mit Krieg, brennt Edinburgh nieder. Maria wird als erst Sechsjährige zu ihrer Verwandtschaft nach Paris in Sicherheit gebracht, die Regierungsgeschäfte übernehmen sowieso andere für die Kindkönigin. Sie wächst unbeschwert inmitten der französischen Königsfamilie auf und entwickelt sich zu einer schönen jungen Frau, blond mit goldbraunen Augen und zarter Haut. Sie tanzt gerne, musiziert, verfasst Gedichte und liest lateinische Klassiker – eine ideale Partie für Franz, den ältesten Sohn des französischen Königs. Als dessen Gemahlin wird sie 1559 Königin über ein reiches Land, das in der europäischen Politik eine ungleich bedeutendere Rolle spielt als ihr eigenes Reich im Norden.

Doch das Glück währt nicht lange, Franz II. ist von schwächlicher Konstitution und stirbt nur ein Jahr später im Alter von 16 Jahren. Als 18-jährige Witwe kehrt Maria zurück in ihr Land. Sie wird nicht besonders herzlich empfangen, denn inzwischen hat in Schottland die Reformation eingesetzt und die meisten der Lords empfinden es als Makel, dass ihre Königin Katholikin ist. Als aufbrausend und rachsüchtig, listenreich und verschlagen, aber auch als char-

Die schöne Schottenkönigin war in zahlreiche Liebschaften verwickelt.

mant wird sie von Zeitgenossen geschildert, eine Frau, die gerne jagte und die Männer um den kleinen Finger wickeln konnte. Es dauerte fünf Jahre und aus der trauernden Witwe wurde erneut eine Ehefrau. Ihre Wahl fiel auf Henry Lord Darnley, ihren Cousin, einen zwar schönen, doch arroganten und charakterlosen Müßiggänger, der zudem trank und herumhurte. Es scheint zuerst Liebe gewesen zu sein, die beide miteinander verband, doch aus ihr wurde Verachtung, ja Hass. Maria vertraut sich immer mehr ihrem Privatsekretär, David Rizzio, an und stellt Darnley ins politische Abseits. Dieser fühlt sich in seiner Ehre gekränkt, dringt eines Abends

mit mehreren Kumpanen, die den Italiener Rizzio für einen Spion des Papstes halten, in das Gemach der Königin ein, in dem Maria gerade mit ihrem Sekretär bei Tische sitzt. Sie zerren den Überrumpelten ins Nebenzimmer und durchlöchern ihn angeblich mit 56 Dolchstößen. Die Hochschwangere erklärt ihren Ehemann für unschuldig und wartet ab. Im Juni 1566 schenkt sie einem Sohn das Leben, den sie nach ihrem Vater Jakob nennt. Darnley bekommt das Kind nicht zu Gesicht.

Am frühen Morgen eines kühlen Februartages des Jahres 1567 erschüttert eine Detonation den Stadtrand von Edinburgh. Das Haus, in

Am französischen Hof verbrachte Maria Stuart sicherlich ihre unbeschwertesten Jahre. Das Gemälde nach Clouet zeigt sie im Alter von etwa 18 Jahren.

dem Darnley sich von einer schweren Erkrankung, vermutlich die Syphilis, erholte, explodiert. Seine unversehrte Leiche findet sich neben dem Trümmergrundstück – nackt und erdrosselt. Nicht wenige glauben, Maria habe seinen Tod veranlasst, ob es so war, bleibt ungeklärt. Der Hauptverdächtige, James Hepburn, der Graf von Bothwell, ein Protestant, wird jedenfalls ihr dritter Ehemann, Darnley liegt zu diesem Zeitpunkt keine drei Monate unter der Erde. Ein Skandal, der sich zur Rebellion ausweitet. Maria unterliegt Adel und Volk, wird in ein Inselschloss gesperrt und 1567 zur Abdankung gezwungen, ihr einjähriger Sohn, Jakob VI., ist nun König von Schottland. Bothwell gelingt die Flucht, er stirbt Jahre später geistig umnachtet in einem dänischen Gefängnis. Ist das das Ende?

Nein, das eigentliche Drama beginnt nun erst. Maria gelingt die Flucht, sie sammelt Truppen um sich, verliert erneut und entkommt nach England. Sie hofft auf die Solidarität unter Königinnen, denn dort regiert inzwischen Elisabeth I. Sie, die Tochter Heinrichs VIII., hat jedoch nicht vergessen, dass Maria einst auch Anspruch auf den englischen Thron erhob, und nimmt sie deshalb in – immerhin ehrenvolle – Schutzhaft. Sie weigert sich, die abgedankte Königin, ihre Großcousine, persönlich zu empfangen, solange deren Unschuld beim Mordkomplott an Darnley nicht eindeutig bewiesen ist. Maria wird ihr lästig. Aus deren teils chiffrierter Korrespondenz geht klar hervor, dass die schottische Exil-Königin gegen Elisabeth intrigiert, an Umsturzplänen beteiligt ist. Das Fass kommt schließlich zum Überlaufen, als Spitzel einen Brief in die Hände bekommen, in dem Maria ihre Zustimmung zur Ermordung Elisabeths erteilt. Genug ist genug. 1586, nach 19 Jahren in englischer Haft, wird Maria der Prozess gemacht. Sie verteidigt sich selbst und stilisiert sich als tragische Heldin. Doch alle Eloquenz hilft nicht. Das Gericht verurteilt sie wegen Hochverrats zum Tode. Elisabeth zögert, den Hinrichtungsbefehl zu unterzeichnen. Erst nach Wochen empfängt die Verurteilte den tödlichen Axtstreich. So endet das Drama.

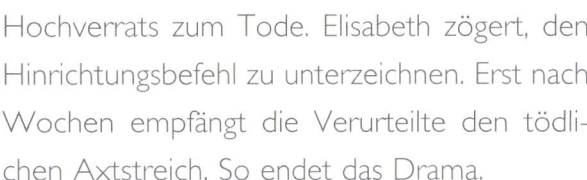

Maria Stuart empfängt ihr Todesurteil. Der Vorwurf lautete Verschwörung gegen das Leben der englischen Königin.

McDonald, Flora

Sie ist schottlandweit bekannt und berühmt für ihren Mut: Flora MacDonald. Die Hochland-Heroine wurde 1722 auf South Uist, einer der Inseln der Äußeren Hebriden, geboren. Auf sie fiel die Wahl, als es 1746 darum ging, den glücklosen Prinzen Charles Edward Stuart nach der verlorenen Schlacht von Culloden vor seinen Verfolgern zu retten. Eine Aufgabe, für die es eine furchtlose Patriotin brauchte, waren doch auf seinen Kopf 30 000 Pfund – heute etwa eine Million Euro – ausgesetzt. Er befand sich schon seit Wochen auf der Flucht, war von Läusen und Mücken zerstochen und hatte die Ruhr. In diesem Zustand erreichte der Prinz die kleine Hebrideninsel Benbecula, auf der Flora als Sennerin die Kühe ihres Bruders hütete. Eines Nachts stand er vor der Tür ihrer Hütte, ihr Bruder hatte ihn dorthin gebracht. Ihr blieb nicht viel Zeit, sich zu entscheiden: Bonnie Prince Charlie wurde in ein blau verziertes Leinenkleid, einen gesteppten Unterrock, eine weiße Haube und einen Umhang mit Kapuze gesteckt, mit einer blonden Perücke versehen und als ihre irische Kammerzofe Betty Burke ausgegeben. Gemeinsam mit ein paar Ruderern und ihrem Vetter gelang es ihr, nach fünfzehnstündiger Fahrt die Nachbarinsel Skye zu erreichen, von wo aus der Thronprätendent seine Flucht fortsetzte, um schließlich sicher nach Rom zu gelangen. Bedankt hat er sich nie bei Flora, wenn man von den zwei Küssen absieht, die er ihr beim Abschied auf die Stirn gab. Flora wurde verhaftet, in den Tower nach London gebracht und im nächsten Jahr amnestiert. Die Londoner Society riss sich um die romantische Heldin. Sie aber kehrte nach Skye zurück, heiratete, bekam sieben Kinder und beschloss ihren Lebensabend 1790 als Bäuerin. In ein Leinentuch gebettet, mit dem sich der undankbare Prinz eine Nacht zugedeckt hatte, wurde sie auf dem Friedhof von Kilmuir begraben.

> **„Flora MacDonalds Name wird in der Geschichte immer genannt werden, und wenn Mut und Treue noch als Tugenden gelten, dann mit Hochachtung."** (Samuel Johnson)

Farewell: Bonnie Prince Charlie verabschiedet sich nach seiner Flucht von seiner heldenhaften Helferin Flora McDonald.

97

McGregor, Ewan

Perth, gelegen am Rande der Highlands, war jahrhundertelang Krönungsort und Hauptstadt der schottischen Könige. Sie hat zwar nur wenige Sehenswürdigkeiten zu bieten, wurde aber immer wieder zur Stadt mit der höchsten Lebensqualität in Schottland gewählt. Hier stand die Wiege eines der schottischen Helden unserer Zeit:

Spätestens seit seiner Verkörperung des Obi-Wan Kenobi in der Prequel-Trilogie zu „Star Wars" hat sich der rotblonde Schotte seinen Platz im Olymp der Kinogötter gesichert.

Ewan McGregor. Seine Kindheit und Jugend verlebte der am 31. März 1971 Geborene jedoch im nahe gelegenen Crieff, einem Städtchen, in dem Ewans Eltern beide als Lehrer beschäftigt waren. Er selbst war ein eher mäßiger Schüler. Glänzen konnte er jedoch in den künstlerischen Fächern, spielte Gitarre, Schlagzeug und – Horn! Sein Engagement in einer Punkband endete mit dem Verlassen der Schule. Bereits mit 16 konnte McGregor seine Eltern davon überzeugen, dass die Schauspielerei sein Leben sei.

Hat eigentlich mit Religion nichts am Hut: Ewan McGregor, hier als Camerlengo Patrick McKenna in dem Vatikan-Thriller „Illuminati".

Schon immer von Filmen fasziniert, wollte er in die Fußstapfen seines Onkels treten, der 1983 eine der Hauptrollen in „Local Hero" spielte, einer sehr erfolgreichen Öko-Komödie um ein schottisches Dorf, das an eine Ölgesellschaft verkauft werden soll. Dieser Onkel war es schließlich, der ihn bei seinen nächsten Schritten unterstützte. Stationen in Perth, Kirkcaldy und London folgten. Noch vor seinem Abschluss auf der Schauspielschule gab er sein Debüt im Fernsehen. Mit „Trainspotting", einem Film über eine Heroin-Clique in Edinburgh, feierte McGregor 1996 seinen Durchbruch. Von nun an gehörte der attraktive Schauspieler zu den gesuchtesten Gesichtern des Kinos.

„Moulin Rouge", „Illuminati", Filme von Woody Allen und Roman Polanski, das ist die eine Seite des schottischen Stars. Die andere sind kleinere Produktionen und die Bretter, die die Welt bedeuten – auch im Theater ist er zu sehen. Der seit 1995 verheiratete zweifache Familienvater möchte sich nicht festlegen lassen.

 Melrose Abbey

Und willst Du des Zaubers sicher sein,
So besuche Melros' bei Mondenschein;
Die goldne Sonne, des Tages Licht,
Sie passen zu seinen Trümmern nicht.

Mit diesen von Theodor Fontane übersetzten Worten machte Sir Walter Scott die Ruine der Abtei von Melrose zu einer Pilgerstätte für Romantiker. Sie sind Teil seiner 1805 verfassten „Ballade vom letzten Spielmann", durch die der schottische Schriftsteller berühmt wurde. Auch Fontane, der Melrose auf seiner Schottlandreise 1858 besuchte, war hingerissen: Er lobte die stimmungsvollen Ruinen als die schönsten und fesselndsten, die er je sah. Dies hat nicht nur ästhetische, sondern vor allem historische Gründe:

Das Zisterzienserkloster ist wahrscheinlich die berühmteste Ruine in Schottland.

Denn wie Grabungen 1996 mit großer Wahrscheinlichkeit bewiesen, ist hier das Herz des hoch verehrten schottischen Königs Robert Bruce bestattet worden. Er hatte geschworen, dass er, sollte er gegen Edward II. von England siegen, nach Jerusalem pilgern würde. Daran hinderten ihn fortan die Herrscherpflichten. Er starb 1329, ohne sein Gelübde erfüllt zu haben, veranlasste jedoch noch auf dem Totenbett, dass wenigstens sein Herz die Reise tun möge. Sein treuer Gefolgsmann, Graf Douglas, trug es in einer silbernen Kapsel mit sich auf dem Weg ins Heilige Land. Er kam jedoch nur bis Spanien, wo er in einer Schlacht gegen die Mauren den Tod fand – das königliche Organ wurde daraufhin nach Schottland zurückgebracht.

Die Geschichte der Abtei begann bereits um das Jahr 650. Damals gründeten Mönche in einer Schleife des Flusses Tweed ein Kloster. Nach dessen Zerstörung siedelte König David I. 1136 vier Kilometer entfernt die ersten Zisterzienser in Schottland an, ihre Abtei erhielt den Namen des Vorgängerbaus: Melrose. 1544 durch englische Truppen schwer beschädigt, sah man nach der Reformation keinen Sinn mehr in einem Wiederaufbau, der letzte Mönch von Melrose Abbey hauchte 1590 sein Leben aus.

Munros

Schottlands Bergwelt ist voller Dreitausender. Das glauben Sie nicht? Doch es stimmt. Und den Beweis dazu erbrachte ein viktorianischer Offizier und Gentleman, Sir Hugh T. Munro. Er hatte ein altes schottisches Herrenhaus geerbt und sich in die Landschaft verliebt. Zu jener Zeit, man schrieb das Ende des 19. Jahrhunderts, glaubte man, es gäbe in Schottland höchstens 30 Gipfel über 3000 – Fuß, nicht Meter. Da begann Munro mit seiner akribischen Arbeit, bestieg Berg um Berg, maß und katalogisierte sie. Sein 1891 erschienenes vielbändiges Werk verzeichnet 283 Dreitausender, die ihm zu Ehren „Munros" genannt werden. 281 davon hat er persönlich erklimmen können, einen auf der Insel Skye hat er wohl übersehen, einen anderen hob er sich zu lange auf – die Arthritis machte ihm zuletzt das Bergsteigen unmöglich. Er starb 1919 im Bett an einer Lungenentzündung.

Der Erste, dem das Kunststück gelang, alle der mindestens 914,4 Meter hohen Munros zu besteigen, war 1901 ein Reverend namens Robertson, der Zweite folgte erst mehr als zwanzig Jahre später. Inzwischen verzeichnet die Ehrenliste der Munroisten über 4000 Einträge, Tendenz stark steigend. Längst hat die Euphorie auch Kinder und Senioren erfasst. Schon längst versuchen sich wahre Exzentriker an neuen Herausforderungen: Hamish Brown erkletterte 1974 alle Gipfel in 112 Tagen, wobei er 2638 Kilometer zurücklegte, die er, mit Ausnahme der Fähren zu den Inseln Skye und

Nach und nach alle Munros zu besteigen ist in Schottla... eine Art Volkssport.

Mull, nur zu Fuß, schwimmend und mit dem Fahrrad bewältigte. Rekorde gilt es im „Alle-Munros-mehrfach-besteigen", „Möglichst-viele-Munros-an-einem-Tag-erklettern" und „Schnellste-Munro-Runde" zu brechen. Sollten Sie es versuchen wollen: Sie liegen bei 13 Mal, 28 Gipfeln und 48 Tagen. Und wenn Ihnen das noch nicht reicht: Es gibt außerdem 219 Corbetts und 224 Grahams, jeweils bis zu 500 bzw. 1000 Fuß niedriger als die Elite unter Schottlands Bergen.

Land der Berge: In Schottland gibt es 284 Dreitausender, weit mehr als in England (6) oder Irland (13).

 Orkney

An der schmalsten Stelle nur zwölf Kilometer Meer oder anderthalb Fährstunden trennen Orkney vom schottischen Festland, dennoch fühlt man sich, als befinde man sich in einer anderen Welt. Kaum sonst wo in Europa sind Land, Licht und Meer so harmonisch verbunden. Auch zu den noch nördlicheren Shetlandinseln sind die Unterschiede groß: Nicht umsonst sagt ein Sprichwort, der Shetländer sei ein Fischer mit einem Stück Land, der Orkadier, wie die Bewohner von Orkney heißen, aber ein Bauer mit einem Boot. Wie schon in der Steinzeit ist die Landwirtschaft noch immer die Haupteinnahmequelle der heute etwa 20 000 Einwohner des Archipels, die sich das Land mit 65 000 Rindern und 55 000 Schafen teilen. Deren Zucht, der Getreideanbau, Fischerei und Fischzucht sind die traditionellen, Tourismus und Ölindustrie die modernen Branchen der Inselökonomie. Nach den Pikten, die den Inseln ihren von „orc" (dt. Eber) abgeleiteten Namen

Die Wikinger tauften den Archipel „Inseln der Seehunde".

gaben, besiedelten die Wikinger ab dem 8. Jahrhundert Orkney. Sie nannten sie „Orkneyjar", „Inseln der Seehunde". Bis zur Mitte des 13. Jahrhunderts herrschten norwegische Jarls über die Inseln: Ihre Namen, darunter so bezeichnende wie Thorfinn Schädelspalter oder Einar Schiefmaul, sind durch die „Orkneyinga Saga" überliefert. Danach schwand der Einfluss der Nordmannen, bis der dänisch-norwegische König die abgelegenen Inseln 1469 als Mitgift seiner Tochter zu deren Hochzeit mit dem schottischen König Jakob III. an ebenjenen verpfändete – theoretisch könnten die Skandinavier die Inseln wieder einlösen. Wenn sich seitdem auch die Sprache der Wikinger und ihrer Nachkommen allmählich zu einem Dialekt wandelte, den bereits im 17. Jahrhundert kaum noch jemand verstand, ist die Nähe zu Skandinavien noch immer prägend – nicht nur die historische, sondern auch die geografische: Bis nach London sind es 800, ins norwegische Bergen aber nur 350 Kilometer.

Orkney, das sind mindestens 70 Inseln vor der Nordküste des schottischen Festlands, mindestens, denn ihre Zahl ist Inhalt heftiger Kontroversen, die sich daran entzünden, was unter einer Insel zu verstehen sei. Sie sind über ein Seegebiet verteilt, das sich von Nord nach Süd über 85, von Ost nach West über 50 Kilometer erstreckt und sich etwa auf einer Höhe mit Stockholm oder Südgrönland befindet. Nur 21 Inseln sind bewohnt, eine davon nur von Mönchen. Die Hauptinsel ist etwa so groß wie Rügen. Sie nimmt damit rund 90 Prozent der Fläche von Orkney ein. Etwa ein Drittel der Inselbewohner lebt in der alten Bischofsstadt Kirkwall, der Hauptstadt des Archipels, das durch Fähren und einen täglichen Flugverkehr selbst auf die entle-

Beliebtes Ziel für Kletterer: der 135 Meter hohe „Old Man of Hoy" auf der südlich von Mainland gelegenen zweitgrößten Orkney-Insel Hoy

gendsten Inseln gut erschlossen ist. Dabei dauert der kürzeste Linienflug, nämlich der zwischen den Inseln Westray und Papa Westray, nur zwei Minuten – Weltrekord.

Die Orkadier meinen mit „the Mainland" nicht das Festland, das heißt bei ihnen „the sooth" (der Süden). The Mainland ist vielmehr die größte Insel Orkneys. Sie teilt sich an der engsten Stelle in zwei landschaftlich ganz unterschiedliche Hälften, eine als große Mulde ausgeformte, kompakte Landmasse mit Seen im Westen und ein stark zergliederter, mit Buchten und Halbinseln versehener Teil im Osten. Zu sehen gibt es außer grünem, sanft gewelltem Acker- und Weideland, unberührter Natur und einer einzigartigen Vogelwelt vor allem Kirkwall mit seiner

Schöner wohnen in der Steinzeit: Blick in eines der Häuser von Skara Brae

imposanten romanischen Kathedrale sowie einige steinzeitliche Attraktionen, die 1999 unter den Schutz des UNESCO-Weltkulturerbes gestellt wurden.

Seit den Zeiten der Wikinger werden in der Inselhauptstadt die Ba' Games abgehalten. An Weihnachten und Neujahr kämpfen zwei Mannschaften dabei um einen kopfgroßen, lederbezogenen Ball. Er muss in ein vorher bestimmtes Ziel gebracht werden, das für Doonies und Uppies, traditionell die Männer des Königs bzw. der Kirche, an unterschiedlichen Stellen liegt. Etwa 300 Kämpfer balgen sich um den Ball, der in alter Zeit ein Kopf gewesen sein soll. Regeln gibt es keine, wozu darum Schiedsrichter? Das Ganze kann Stunden dauern, und weil es einerseits statisch, andererseits nicht ungefährlich ist, gibt es kaum Zuschauer.

Die meisten archäologischen Stätten liegen nördlich von Stromness, der zweiten Stadt auf der Insel. Dazu gehören die Überreste zweier Steinkreise aus dem 3. Jahrtausend v. Chr.: der 103 Meter im Durchmesser erreichende Ring von Brodgar, von dessen ursprünglich 60 Steinen noch 27 aufrecht stehen, und die Standing Stones of Stenness – hier sind es von zwölf noch vier. Ganz in der Nähe erhebt sich eines der bedeutendsten Megalithgräber der Welt: Maes Howe. In der geräumigen zentralen Kammer überwinterten einst Wikinger, die das Grab aufgebrochen hatten. „Ingiborg ist die Schönste" oder „Ich bin der beste Runenschnitzer" haben sie in die Wände geritzt. Hauptsehenswürdigkeit der Insel ist jedoch die besterhaltene Steinzeitsiedlung Nordeuropas: Skara Brae. Direkt an den Dünen der Atlantikküste gelegen, waren die vor etwa 4500 Jahren bewohnten, durch Gänge miteinander verbundenen steinernen Häuser von Sand bedeckt, bis sie 1850 ein Sturm wieder freigab. Aus den dortigen Funden lässt sich rekonstruieren, dass die Bewohner Orkneys ein sattes, friedliches Leben führten – Waffen wurden keine gefunden. Ganz anderer Natur ist ein Relikt der jüngeren Vergangenheit südlich von Kirkwall: Hier bildet die Bucht von Scapa Flow einen natürlichen Hafen, der im Ersten Weltkrieg der Hauptstützpunkt der britischen Kriegsflotte gewesen ist. Dort war nach Kriegsende ein Großteil der deutschen Hochseeflotte interniert, die Konteradmiral Ludwig von Reuter 1919 zu versenken befahl. Von den 74 Schiffen liegen noch immer sieben in der Bucht. Sie locken Wracktaucher aus aller Welt in die eisigen Gewässer.

Stonehenge auf orkadisch: der Ring von Brodgar

Pikten

Nicht die Vogel- oder die Schweinegrippe hat die Schotten fest im Griff, nein, es ist das Piktenfieber, das seit einigen Jahren nördlich einer von den Flüssen Forth und Clyde gebildeten Linie grassiert. Es ist ungefährlich und äußert sich im intensiven Betrachten von Steinen, die als Türschwellen oder Grabplatten benutzt wurden, in der Hoffnung, dass es sich in Wirklichkeit um einen Piktenstein handelt. Auch bei Bodenausschachtungen wurden solche Relikte einer uralten Kultur schon gefunden, über 340 sind inzwischen bekannt. Sie stammen aus dem 6. bis 9. Jahrhundert, sind mit Ornamenten, Tier- und Menschendarstellungen sowie Symbolen bedeckt. Halbmonde, Doppelscheiben, Hammer, Zange, Spazierstock und Stäbe geben den Wissenschaftlern Rätsel auf. Wer die Künstler waren? Welchem Zweck sie dienten? Man weiß es nicht.

Erstmalig taucht der Name dieses rätselhaften Volkes um das Jahr 300 bei einem römischen Autor auf. Mit dem Begriff „Pikten" sind schottische Stämme gemeint, die zwar nicht zu einem Volk gehörten, sich jedoch erfolgreich gegen die Römer verbündeten. Ihnen war anscheinend gemeinsam, sich zu tätowieren oder zu bemalen (lat. „picti": die Bemalten). Sie dehnten ihre Gebiete, die auch die Hebriden, Orkney und die Shetlandinseln umfassten, weiter nach Süden aus, als die Römer ihre Provinz Britannien aufgaben. Im 6. Jahrhundert wurden

Die großen Krieger hinterließen geheimnisvolle Symbolsteine.

sie Christen und besiegten die Skoten, irische Kelten, die nach Nordbritannien übergesetzt waren. Dass dieser Teil der britischen Insel heute trotzdem nicht Pikt- sondern Schottland heißt, resultiert aus dem Auftauchen der Wikinger: Durch deren Eindringen geschwächt, gelang es dem König der Skoten, Kenneth MacAlpin, die Pikten zu schlagen. Er wurde 843 Herrscher über Alba, dem Zusammenschluss der Reiche von Skoten und Pikten, deren Eigenständigkeit damit für immer endete.

Einer von vier Piktensteinen in Aberlemno im Hinterland von Dundee

Robert the Bruce

Robert the Bruce wurde 1274 in eine aristokratische schottische Familie geboren, die über erheblichen Landbesitz verfügte. Durch seinen Vater war er entfernt mit der Königsfamilie verwandt. Sein Großvater war einer der übergangenen Anwärter auf die schottische Krone in den Thronwirren nach dem Tod des kinderlosen Alexander III., die schließlich dazu führten, dass sich Englands König Eduard I. einmischte. Ganz Machtmensch, besetzte er die schottischen Gebiete und regierte das Land fortan wie eine englische Provinz. Der Kampf um die Unabhängigkeit forderte viele Opfer, darunter „Braveheart" William Wallace. Auch Robert the Bruce war nicht bereit, die englische Fremdherrschaft hinzunehmen. Er machte sich 1306 selbst zum König und begann einen langen Guerillakrieg zur Befreiung seines Landes. Mit dem Mut von Patrioten gelang es den Schotten, Garnison für Garnison einzunehmen. Als sie schließlich Stirling Castle, die letzte von Engländern gehaltene Burg, belagerten, marschierte König Eduard II. nach Norden, um seinen bedrängten Truppen zu Hilfe zu kommen. Mit einer Streitmacht von 25 000 Mann, darunter Ritter, Bogenschützen und Fußsoldaten, stand er an einem trockenen, heißen Junitag des Jahres 1314 nur 9000 Schotten gegenüber. Doch diese wussten das sumpfige, unebene Gelände für sich zu nutzen und siegten. Als Schlacht von Bannockburn, einem Nebenflüsschen des River Forth, gingen diese Kämpfe um Schottlands Unabhängigkeit in die Geschichtsbücher ein. Der Rest ist schnell erzählt: 1324 erlangte Robert the Bruce die päpstliche Anerkennung als schottischer König, vier Jahre später gab schließlich auch die englische Krone ihre Ansprüche auf. Robert, der zweimal verheiratet war und zahlreiche Nachkommen hatte, starb 1329 – vielleicht an Lepra. Er wurde in Dunfermline begraben, sein Herz ruht in der Abtei von Melrose.

Durch die Schlacht von Bannockburn wurde Schottland wieder ein freies, unabhängiges Land.

Mit Schwert, Krone und Rauschebart – so steht Robert the Bruce vor der Burg in Stirling, Schottlands „Tor zu den Highlands".

# Rob Roy

Lange Zeit sah es überhaupt nicht danach aus, dass Robert MacGregor einmal als schottischer Nationalheld in die Geschichte eingehen würde, wurde er doch in einen Clan geboren, dessen Mitglieder König und Parlament 1603 zu „outlaws" erklärt hatten. Die MacGregors hatten den Bogen überspannt, hatten ein Massaker am Clan der Colquhouns verübt, bei dem auch einige jugendliche Theologiestudenten ums Leben gekommen sein sollen – ein nicht zu entschuldigender Frevel. Der König wollte ein Exempel statuieren und bestrafte die Übeltäter mit der Verhängung von Acht und Bann über den ganzen Clan, selbst ihren Namen durften sie für die nächsten 172 Jahre nicht mehr tragen. Zu dem so bestraften Clan gehörte auch der 1671 in Glengyle, 50 Kilometer nördlich von Glasgow geborene Robert MacGregor, der seinen Lebensunterhalt als Viehhändler verdiente. Für größere

Wegen seiner roten Haare wurde der schottische Volksheld Rob Roy, „Roter Robert", genannt.

Der schottische Robin Hood: Rob Roy zieht sein Schwert gegen die englischen Truppen.

Geschäfte lieh er sich vom Duke of Montrose 1000 Pfund, doch das Geld wurde gestohlen, er konnte es nicht zurückzahlen und wurde daraufhin enteignet. MacGregor begann mit Viehdiebstählen und erpresste Schutzgelder. Als Oberster Kriegsherr seines Clans nahm er 1715 am Aufstand der Jakobiten gegen die Engländer teil. Ein Kopfgeld wurde auf ihn ausgesetzt, immer neue Geschichten wurden von ihm, einer Art schottischem Robin Hood, erzählt. Schließlich vom König begnadigt, starb Rob Roy 1734 friedlich in seinem Bett. Er wäre vermutlich heute vergessen, wenn sich nicht Sir Walter Scott, Spezialist für die farbenprächtige Umsetzung schottischer Geschichte(n), seinem Leben angenommen und ihn zum Romanhelden gemacht hätte. Von seinem dreibändigen Werk hat sich Hollywood bereits zweimal inspirieren lassen, zuletzt 1995, als der Ire Liam Neeson den Tartan überwarf und teilweise an Originalschauplätzen den rothaarigen Schotten verkörperte.

Saltire

Was haben Russland und Schottland gemeinsam? Ihren Schutzheiligen, Sankt Andreas, einen der zwölf Apostel. Er erlitt auf Patras den Märtyrertod an einem Kreuz mit schräggefügten Balken – dem von Bahnübergängen bekannten Andreaskreuz. Eine fromme Legende erzählt, wie Teile seiner Gebeine nordwärts gebracht worden und, nach einem Schiffbruch, schließlich in einer kleinen keltischen Siedlung an der schottischen Ostküste gelandet seien. Dort, im heutigen St. Andrews, der als Heimat des Golfs bekannten Kleinstadt 60 Kilometer nordöstlich Edinburghs, wurden die Reliquien verehrt, der Heilige aber avancierte zum Schutzpatron der Schotten. Das weiße, schräg liegende Kreuz, die Saltire (dt. Andreaskreuz) genannte Fahne des Königreichs, symbolisiert dies bereits seit mindestens 800 Jahren, seit 500 auf blauem Grund. Sie ist seit der schottisch-englischen Union auch Teil der Flagge Großbritanniens, des Union Jacks, und wird bei offiziellen Anlässen neben diesem ge-

zeigt. Weder Saltire noch Union Jack wehen über den königlichen Residenzen Holyroodhouse und Balmoral, sondern der Lion Rampant. Er zeigt einen steigenden roten Löwen auf gelbem Grund, umgeben

Die Flagge von Schottland ist eine der ältesten Flaggen der Welt

von einem Rechteck aus liliengeschmückten Doppelbalken. Als schottische Königsfahne ist er für den Monarchen und einige hohe Staatsbeamte reserviert.

Seit Juli 1999 gibt es ein eigenes schottisches Parlament; eigene Pfundnoten, eigene Gesetze und – wie soeben berichtet – eine eigene Fahne gibt es sowieso schon lange. Eine offizielle Hymne hingegen existiert (noch) nicht. Bei internationalen Sportveranstaltungen in Disziplinen, in denen schottische Verbände eigenen Nationalstatus haben, etwa beim Fußball oder Rugby, behilft man sich mit „Flower of Scotland", bei den Commonwealth Games mit „Scotland the Brave".

Scott, Sir Walter

Walter Scott, 1822 zum Sir geadelt, der Vater des historischen Romans, gilt neben Robert Burns als der Nationaldichter der Schotten.

Scott wurde 1771 in Edinburgh als Sohn eines Anwalts geboren. Seine Kindheit, während der er an Kinderlähmung erkrankt – er hinkt sein Leben lang –, verbringt er zum großen Teil auf dem Hof seiner Großeltern in der Grenzregion zu England, den Borders. Durch seine Großmutter lernt er die Geschichte und die Geschichten des Landes kennen und lieben. Schon mit einem seiner ersten Werke, einer Sammlung altschottischer Balladen, erzielt er einen großen Achtungserfolg. Er studiert Jura und tritt damit in die Fußstapfen seines Vaters, widmet jedoch einen großen Teil seiner Zeit der literarischen Karriere. An deren Beginn stehen Übersetzungen aus dem Deutschen, Balladen von Bürger, Goethes „Erlkönig" und

Goethe schätzte ihn sehr, seine „Braut von Lammermoor" wurde von Donizetti als Oper vertont, Queen Victoria pilgerte zu seinem Sterbezimmer.

„Götz von Berlichingen". Er heiratet 1797 und gründet eine Familie. Die wachsende Nachkommenschaft – er wird Vater von fünf Kindern – will ernährt sein, und so nimmt er 1799 eine Stelle als Stellvertreter des höchsten Richters von Selkirkshire im Südosten des Landes an. Bekannt wird er mit seinen romantischen Verserzählungen „The Lay of the Last Minstrel" und „Marmion", berühmt mit der Versromanze „The Lady of the Lake", die später von Franz Schubert vertont wurde. Gerade mit diesem 1810 erschienenen Werk löste Scott eine wahre Schottland-Sehnsucht aus. Der Erfolg steigert sich noch, als er als Nächstes seinen ersten historischen Roman „Waverly oder Es ist sechzig Jahre her" mit dem Ziel veröffentlicht, einen Bestseller zu landen, da sich sein Verlag in finanziellen Schwierigkeiten befindet. Es glückt, das vorsichtshalber anonym veröffentlichte Buch, das die Geschichte von Edward Waverly vor dem Hintergrund der Jakobitenaufstände 1745/46 erzählt, erlebt alleine im ersten Jahr

117

vier Auflagen und wird sofort ins Französische und Deutsche übersetzt. Trotz großer Resonanz veröffentlicht er auch die nächsten Schriften unter Pseudonym. Es folgen Romane am laufenden Band, manchmal vier in einem Jahr. Darunter heute vielfach vergessene Werke, aber auch die Geschichte des schottischen Freiheitshelden „Rob Roy", „Die Braut von Lammermoor" und „Ivanhoe", eine Rittergeschichte aus dem England des 12.

Die Romane Scotts eigneten sich hervorragend als Quelle für Drehbücher oder Libretti, hier ein Filmstill aus „Ivanhoe" (1952) mit Elizabeth Taylor.

Jahrhunderts. Es ist die wohl glücklichste Zeit im Leben Walter Scotts. Er steht auf der Höhe seines Ruhms, als er vom englisch-schottischen König Georg IV. in den Adelsstand eines Baronets erhoben wird. Er erhält den Auftrag, dessen Besuch in Edinburgh zu gestalten, was ihm so hervorragend gelingt, dass die schon durch seine Romane eingesetzte Schottland-Verehrung noch einmal einen immensen Schub erfährt. Kilt und Tartan werden durch ihn zu nationalen Symbolen, Highlander und Lowlander fühlen sich unter einer gesamtschottischen Nation vereint. Seine kräftig sprudelnden Honorare ermöglichen es ihm, sich an den Ufern des Tweed eine, wie er selbst sagt, „Romanze in Stein und Mörtel" zu erbauen, ein Landhaus in altschottischem Burgenstil, das er Abbotsford nennt, weil das Land, auf dem es bis 1823 entsteht, einst den Äbten von Melrose gehört hatte. Das mit Erkern, Zinnen, Ecktürmen und Stufengiebeln üppig dekorierte Märchen-Domizil ist ein Puzzle aus Teilen abgerissener und Kopien historischer Gebäude, vollgestopft mit Erinnerungsstücken an bedeutende Ereignisse oder Personen, wie Dolch und Börse von Rob Roy, Maria Stuarts Perlmutterkreuz, das sie bei ihrer Hinrichtung getragen hat, und Bonnie Prince Charlies hölzernem Whiskybecher. Bereits ein Jahr nach seinem Tode wurde die pittoreske Romanfabrik für Besucher geöffnet. Seine Nachfahren, die Touristen durch die Räume führen, leben noch immer in diesem Familienmuseum. Der Verkauf von Abbotsford, Schottlands erstem Wohnhaus, das mit Gaslicht beleuchtet wurde, stand trotz des teuren Unterhalts auch dann nicht zur Debatte, als Scott 1826 in enorme finanzielle Bedrängnis geriet. Der Verlag, an dem der Schriftsteller beteiligt war, ging bankrott, und er musste für Schulden im heutigen Wert von über einer Million Euro

geradestehen. Er wird zur Schreibmaschinerie, schreibt fortan, um seine Schulden abzustottern. Mit ungeheurer Disziplin geht er ans Werk. Ab fünf Uhr früh sitzt er am Schreibtisch, produziert die letzten seiner insgesamt 27 Romane, aber auch eine Biografie Napoleons, Bücher über schottische Geschichte und dramatische Werke. Er betreibt Raubbau an seiner Gesundheit, leidet an Überarbeitung, geht 1831 noch einmal auf eine große Reise nach Italien. Auf dem Weg nach Hause erleidet er während einer Schifffahrt auf dem Rhein einen Schlaganfall, trotzdem reist er weiter und schafft es zurück nach Abbotsford. Dort stirbt er 1832, wenige Monate nach Goethe, den er eigentlich noch hatte besuchen wollen.

Wie aus einem historischen Roman: Abbotsford, das 1816–23 erbaute Landhaus des Bestsellerautoren

# Shetland

Der aus etwa 100 Inseln bestehende Archipel liegt nördlich von Schottland zwischen Atlantik und Nordsee etwa 350 Kilometer von Aberdeen, den Faröer-Inseln und dem norwegischen Bergen entfernt. Bekannt für seine

Die Römer nannten die Inseln Ultima Thule, „Inseln am Ende der Welt".

Wolle und die kurzbeinigen Shetlandponys, die für ihren Einsatz in den Bergwerken Großbritanniens gezüchtet wurden, ist die Landschaft auf diesen Inseln rau, gebirgiger und schroffer als auf Orkney. Ergiebige Regenfälle sind hier ebenso an der Tagesordnung wie dichter Nebel. Heftige Stürme verhindern den Wuchs von Bäumen und Sträuchern. Wenigstens die Temperaturen sind dank des Golfstroms erträglich. Die Inseln gehörten fast 700 Jahre zu Norwegen, erst 1469 kam der schottische König in ihren Besitz. Nicht nur ihr Name, abgeleitet aus dem altnordischen Wort für Hochland, „Hjaltland", zeugt noch davon. Etwa 5000 Wörter skandinavischer Herkunft hat man registriert, 50000

Up Helly Aa heißt das alljährlich auf den Inseln begangene Sonnenwendfest im Januar, zu dem sich die Männer als Wikinger kostümieren und ein Schiff verbrennen.

Orts- und Flurnamen kommen dazu. Die Kinder der etwa 22000 Einwohner, die sich auf 20 Inseln verteilen, lernen in der Schule Norwegisch, die bunten Holzhäuser und das Wappen der Hauptstadt Lerwick, das ein Langschiff der Wikinger zeigt, sind ein weiterer Beleg für den skandinavischen Einfluss.

Von der rauen Umwelt geprägt, gelten die Shetländer als sturer und widerstandsfähiger Menschenschlag, der sich nicht korrumpieren lässt. Dies zeigte sich, als 1971 östlich der Inseln Öl entdeckt wurde. Die Inselgemeinde, die bis dahin vor allem vom Fischfang und der Landwirtschaft lebte, sah sich plötzlich den Begehrlichkeiten Londons und zahlreicher Ölgesellschaften gegenüber. Durch zähe Verhandlungen erreichten sie den größtmöglichen Gewinn bei kleinstmöglichem Schaden. Europas größter Ölhafen entstand im Norden der Hauptinsel, die, wie die von Orkney, Mainland heißt. Er liegt fast versteckt, die Tanks wurden teilweise in den Boden versenkt und mistelgrün gestrichen.

# Shortbread

Shortbread ist auch in Form von Plätzchen ein Gedicht zum Tee.

Neben kulinarischen Ausrutschern wie Haggis oder frittierten Marsriegeln, die schon beim Lesen Gänsehaut verursachen, hat das Land von Kilt und Dudelsack auch eine Spezialität zu bieten, die nicht nur etwas für Leute mit starken Nerven ist. Eine besonders feine Art von Butterkeksen, die – schon seit dem Mittelalter sind Rezepte überliefert – aus Zucker, leicht gesalzener Butter und Weizenmehl bestehen. Um den Teig zu lockern, kann ein Teil des Mehls durch Maisstärke oder Reismehl ersetzt werden. Der so entstandene salzige Streuselteig wird bei relativ niedrigen Temperaturen gebacken, um übermäßiges Bräunen zu vermeiden. Traditionell wurde das Gebäck, dessen Namen sich von einer alten Bedeutung des Wortes „short" für „krümelig" ableitet, zu Weihnachten gebacken. Frisch aus dem Ofen schmeckt es auch heute noch am besten und ist es eine Bereicherung für jede

Der schottische Gebäckklassiker zur „Tea Time"

Kaffeetafel. Besonders zum Tee schmecken die edlen Mürbeteigkekse, die üblicherweise in einer länglichen Form, den „Fingers", oder als Tortenstücke, sogenannten „Petticoat Tails", gereicht werden, ausgezeichnet.

Man nehme: 200 g Mehl
              60 g Maisstärke
              60 g Puderzucker
              150 g gesalzene Butter

Mehl, Stärke und Zucker mischen, dann mit der in Flöckchen dazu gegebenen Butter zu einem Teig verkneten und etwa 1–1,5 cm dick ausrollen. Eine gefettete Springform oder – für „Fingers" – eine rechteckige Auflaufform damit belegen, mit einer Gabel mehrfach einstechen und bei vorgeheizten 150° C etwa 30 Minuten goldgelb backen. Noch heiß in Tortenstücke bzw. etwa 1,5 × 5 cm messende Rechtecke schneiden und am besten gleich verzehren.

 # Skye

Skye im Spätherbst ist einfach zu schön. Pausenlos wechseln Regen und Sonne, Helligkeit und Dunkelheit, klare Sicht und Nebel, beinahe im Zehnminutentakt. Und Touren über die Insel bieten dem Auge eine ebenso abwechslungsreiche Landschaft – alles, was das schottische Hochland zu bieten hat, ist versammelt, nur kleinräumiger. Die mit 155 Quadratkilometern größte Insel der Inneren Hebriden liegt nur zwei Kilometer vor der Nordwestküste Schottlands. Seit 1995 ist sie mit dem „Festland" über eine Brücke verbunden, für die angeblich die höchste Maut in Europa zu berappen ist. Ihr Name ist vom altnordischen „ski" (die „Neblige") oder „sgaith" (die „geflügelte" Insel – was sich auf ihre Form bezieht) abgeleitet. Mit einer Küstenlänge von 1600 Kilometern ist sie so reich an Buchten, dass man, trotz ihrer Größe, nie weiter als acht Kilometer vom Meer entfernt ist. Die grandiose Landschaft, die im 8. Jahrhundert dem norwegischen Königreich einverleibte Insel prägt, hat sie einer regen Vulkantätigkeit und der Erosion durch riesige Gletscher, die sie einst bedeckten, zu verdanken. Seit 750 Jahren gehört sie wieder zur schottischen Krone. Charakteristisch für das Landschaftsbild der Insel sind ihre Berge, die Cuillin Hills. Trotz ihres Namens (Cuillin-„Hügel") wirken sie doch wie ein veritables Gebirge, denn sie ragen von Meereshöhe bis zu 1000 Meter in den Himmel – nirgendwo sonst in Großbritannien sind so viele hohe, schroffe Gipfel auf so engem Raum konzentriert. Bis zum 17. Jahrhundert war die Insel Schauplatz blutiger Auseinandersetzungen der großen Clans, der MacDonalds, Mackinnons und MacLeods. Heute ist sie für die Pflege gälischer Kultur und Sprache, die stolze 30 Prozent der 10 000 Einwohner beherrschen, bekannt. Größter Ort ist der malerische Hafen Portree auf Trottemish, einer der sechs Halbinseln, aus denen sich Skye zusammensetzt.

Jeder dritte Bewohner der Atlantikinsel spricht noch gälisch

Blick auf die Cuillin Hills im Süden der Hebrideninsel Skye

Stevenson, Robert Louis

Lange verkannt, gilt Robert Louis Stevenson heute wieder als Schriftsteller ersten Ranges.

William Brodie war ein unheimlicher Geselle. Tagsüber Tischler, Innungsmeister und ein geachtetes Mitglied des Stadtrats von Edinburgh, nachts aber ein Einbrecher und Dieb, zum einen, um seine Spielleidenschaft zu finanzieren, zum anderen, um die dunkle Seite auszuleben, die vielleicht in uns allen steckt. Schließlich hat man ihn gefasst und verurteilt. Er wurde 1788 vor 40 000 Zuschauern an einem vermutlich von ihm selbst gebauten Galgen aufgeknüpft. Fast hundert Jahre später erschien, von Brodies Leben inspiriert, der Roman eines anderen Edinburghers und wurde zu einem Welterfolg: „Der seltsame Fall des Dr. Jekyll und Mr. Hyde." Sein Autor heißt Robert Louis Stevenson.

Wegen eines Lungenleidens führte er ein unstetes Nomadenleben.

Als 1850 geborenes einziges Kind eines erfolgreichen Leuchtturm-Konstrukteurs war Stevenson angeblich zwischen Möbeln aufgewachsen, die aus der Werkstatt Brodies stammten. Seine Kindheit war durch Krankheiten geprägt. Bereits als Fünfjähriger schrieb er seinen ersten Fünfzeiler, mit 16 erschien sein erstes Buch. Er studiert zuerst Maschinenbau, dann Jura. Mit 25 ist er Anwalt, hat einen Beruf, den er jedoch nie ausübt. Etwa zur gleichen Zeit diagnostiziert der Hausarzt bei dem hitzköpfigen Rebellen und Bohemien Tuberkulose. Ein Nomadenleben beginnt, denn das raue schottische Klima ist Gift für den Kranken. Frankreich, wo er seine um zehn Jahre ältere Frau Fanny kennenlernt, Schweiz und USA lauten die Reiseziele, bevor er sich 1888 endgültig auf der Samoainsel Upolu niederlässt. Dort stirbt er mit nur 44 Jahren an einem Schlaganfall. Er hinterlässt eine Witwe, daneben fast 200 Essays, je sechs Gedichtbände und Reisebücher, vier Schauspiele, 20 Südsee-Fabeln, zwei Dutzend Novellen und zwölf Romane, darunter sein berühmtestes Werk, „Die Schatzinsel".

 Stone of Scone

Offizielle Rückgabe des Stone of Scone, der nach einer alten Überlieferung der Stein sein soll, auf den der biblische Erzvater Jakob sein Haupt bettete, als ihm die Himmelsleiter erschien

Der „Stein des Schicksals" ist recht unscheinbar, aus rötlich-grauem Sandstein, unbehauen, genau 66 Zentimeter lang und 152 Kilo schwer, mit einem Eisenring an jedem Ende. Über ihm wurden seit Kenneth MacAlpin im Jahr 843 Schottlands Monarchen gekrönt. Traditionsgemäß fanden die Zeremonien in Scone (sprich: Skuhn) statt, drei Kilometer nördlich von Perth. Der zukünftige Monarch

Rund 400 Jahre lang nahmen im Rahmen der Krönungszeremonie alle schottischen Herrscher auf dem „Stein des Schicksals" Platz.

setzte sich auf den Stein und war König. Kein Stein, kein König, sagte sich Eduard I. von England, der den ihm nicht umsonst gegebenen Beinamen „Hammer der Schotten" überaus schätzte. 1296, bei einem seiner grausamen Kriegszüge gegen das von ihm wie eine Kolonie behandelte Schottland, ließ er sich darum vom Abt des Klosters von Scone den Stein, dem magische Kräfte zugeschrieben wurden, aushändigen und nahm ihn mit nach London.

Der 14. November 1996. 700 Jahre sind seit dem frevlerischen Raub vergangen. Da spazieren vier Männer in Arbeitsanzügen mit einer schweren Fracht durch ein Portal der Westminsterabtei im Zentrum der britischen Hauptstadt. Hierhin hatte Eduard I. den symbolträchtigen Stein einst bringen lassen. Seitdem war er Teil des Krönungsstuhls, die Nachfolger des Schottenhammers, seit 1603 gleichzeitig auch Könige von Schottland, empfingen auf ihm ihre Krone. Endlich war die englische Regierung bereit, den Stein zurückzugeben – wenn auch mit der Maßgabe, ihn jeweils zu Krönungen auszuleihen. Er gelangte nach Edinburgh, wo er seinen Platz auf der Burg neben den schottischen Kronjuwelen fand. Zweifel bleiben, ob es sich noch um denselben Stein handelt, den Kenneth MacAlpin einst aus Irland geraubt haben soll. Denn vielleicht hatte der Abt des schottischen Klosters von Scone Eduard I. bloß eine billige Kopie ausgehändigt ...

 # Tartan

Noch mehr als Kilt und Dudelsack ist der Tartan in Schottland allgegenwärtig. Fast alles gibt es in diesem bei uns als Schottenmuster bekannten Design: Postkarten, Handtücher, Keksdosen und Unterhosen als billiger Touristennepp, Schals und Soldatenpüppchen, Stifte und Badetücher. Schottland im Tartan-Rausch: Es gibt Tartan-Museen, eine Tartan-Society und den Lord Lyon King of Arms in Edinburgh, den Wappenkönig, der nicht nur als einziger befugt ist, neue Wappen zu verleihen, sondern ebenfalls als oberster Traditionshüter in Sachen Tartan gilt. Die

Am richtigen Karo kann der geschulte Tartanologe nicht nur erkennen, zu welchem Clan sein Träger wohl gehört, sondern auch, welche Position er dort bekleidet.

typischste Verwendung des berühmten Webmusters ist natürlich der Kilt. Doch der ist ein Kapitel für sich.

Das gälische Wort für Tartan, „breacan", bedeutet übersetzt: kariert. Nur ein Webstuhl und die Wolle zweier unterschiedlicher Schafsrassen ist vonnöten, um ein solches Muster herzustellen. Darum gilt ein braunkarierter Wollfetzen aus dem 3. Jahrhundert, den man als Abdeckung eines Kruges mit römischen Münzen bei Falkirk fand, als ältester erhaltener Tartan. Das Wort taucht dagegen erst im 16. Jahrhundert auf, als Schottland enge Beziehungen zu Frankreich pflegte. Schon damals galt das mächtige Reich im Westen Europas als tonangebend in Sachen Lebensart, und so übernahm man gerne das Wort „tiretaine", mit dem die Franzosen Halbleinen, einen aus Leinen und Wolle gewebten Stoff, meinten. Im Englischen wurde daraus „tartan", was zuerst so viel wie „gemustert" bedeutete und erst später auf das Stück Stoff überging, das in den Highlands jeder trug: ein „Plaid", eine Decke, die man um den Leib schlang und in der Taille gürtete. Eine Art Fahne, die man auf dem Leib trug, um anderen zu signalisieren, zu welchem Clan man gehörte, wurde der Tartan eher zufällig und relativ spät. Bevor die Farbenchemie Mitte des 19. Jahrhun-

derts ihren Siegeszug antrat, verwendete man Pflanzen als natürliche Färbemittel. Sie kamen jeweils aus der engeren Umgebung der Webereien. So waren manche Farben typisch für bestimmte Landstriche. Da sich auch die Clans bestimmten Gegenden zuordnen lassen, verband sich das eine mit dem anderen.

Der Tartan, das karierte Tuch, war noch kein Ausdruck einer Clan-Zugehörigkeit, als es 1746 zur bisher letzten Schlacht auf britischem Boden kam, jedoch ein politisches Statement. Den Engländern, gegen die die Schotten damals im Moor von Culloden kämpften, galt er als herausfordernde Betonung des Freiheitswillens der Highlander, ebenso wie Dudelsack oder Kilt. Die Sieger verboten darum anschließend nicht nur Instrument und Rock, sondern generell das Tragen des Karomusters. Bis 1782 riskierte man sieben Jahre Verbannung, verstieß man gegen diese restriktive Kleiderordnung.

Der Stoff, aus dem die Träume sind

Danach wendete sich das Blatt. Die aufmüpfigen schottischen Hinterwäldler, als die sie bisher verschrien waren, kamen, nachdem sie keine Gefahr mehr darstellten, zu neuen Ehren, die Highlands wurden en vogue. Das Zeitalter der Romantik brach an und mit ihm die Rückbesinnung auf alte Werte. Plötzlich erschien sogar Georg IV. im rot-bunten Royal-Stewart-Tartan, als er 1822 Edinburgh besuchte – das erste Mal seit fast 200 Jahren, dass sich ein britischer König wieder zu seinen schottischen Untertanen wagte. Stark übergewichtig und von kleiner Statur, gab er im Kilt und fleischfarbenen Strümpfen ein sonderbares Bild ab. Mehr noch als eine Sympathiewerbung für die Monarchie war dies die Initialzündung

„Dressed to Kilt" – der Verwendung des Tartans sind keine Grenzen gesetzt.

für einen wahren Rausch in Karos. Als dann noch Queen Victoria ihre Schottland-Leidenschaft entdeckte, gab es kein Halten mehr. Sie tartanisierte ihre Umwelt, ihre Sommerfrische in den Highlands, Balmoral, machte sie zur Sixtinischen Kapelle des Tartan: Teppiche im Royal-Stewart-, Stühle, Sofas, Überwürfe und Vorhänge im Dress-Stewart-Muster. Ihr deutscher Prinzgemahl, Albert, übertraf sie noch: Ihre Hoheit höchstpersönlich entwarf den grau-weiß-roten Balmoral-Tartan, der noch heute nur von den Mitgliedern der königlichen Familie getragen werden darf.

Gemäß dem Appell Sir Walter Scotts: „Let every man wear his tartan", was ungefähr mit „Jedem sein eigener Tartan" übersetzt werden kann,

sind heute etwa 4000 verschiedene Muster registriert. Nur rund zwei Dutzend von ihnen sind jedoch historisch, die restlichen Neuentwicklungen der letzten 200 Jahre. Darunter befinden sich nicht wenige, die auf die Betrügereien zweier Brüder zurückgehen, die behaupteten, Enkel von Bonnie Prince Charlie, zu sein, des Verlierers der Schlacht von Culloden. Sie gaben

vor, über ein antikes Manuskript zu verfügen, das die Zusammengehörigkeit von bestimmten Tartans und Clans nachweisen sollte. Ihr Büchlein „The Costumes of the Clans" war ein großer Erfolg und bewirkte, dass sich die Clans den vermeintlichen Traditionen unterwarfen und die angeblich traditionellen Muster „wieder" für sich entdeckten.

133

# The Kirk

Noch immer ist der schottische Sonntag eine eher trübselige Angelegenheit. Sport, Theater und andere Vergnügungen sind verboten: Folge des streng calvinistischen Erbes, das die Kirche von Schottland, die „Kirk", bewahrt. Einen Ausgleich für diese und andere Kasteiungen meinen Soziologen im übermäßigen Whiskykonsum und dem immensen Verbrauch an Süßigkeiten zu erkennen. Immerhin 42 Prozent der Schotten bekennen sich zur Kirche von Schottland, obwohl ihr nur 12 Prozent wirklich angehören. Gegründet wurde sie im Zuge der Reformation durch John Knox (um 1514–1572). Laut Stefan Zweig war er der „eisenköpfigste, zelotischste, unbarmherzigste aller Kirchengründer". Er war ein Unruhestifter und Bilderstürmer, wurde mehr als einmal aus Schottland vertrieben und kehrte dennoch immer wieder zurück. Seine Zeit als Galeerensträfling machte ihn nur noch verbissener,

Kirchengründer John Knox wurde von seinen Zeitgenossen „Kill joy" – Freudentöter – genannt.

sein Aufenthalt bei Johannes Calvin in Genf verschaffte ihm das religiöse Rüstzeug. Als sein Musterschüler rief er zum Krieg gegen das papistische Frauenregiment in seiner Heimat auf und wetterte gegen seine katholische Königin, Maria Stuart. Anders als die aus der Reformation hervorgegangenen reformierten Kirchen nannten sich die protestantischen Schotten „Presbyterianer". Damit verweisen sie auf ihre Organisationsform, denn sie werden nicht von Bischöfen, sondern von einem Ältestenrat, dem Presbyterium, geleitet. Die Kirk erlaubt die Frauenordination, ist unabhängig vom Staat und spielt im Erziehungswesen keine Rolle. Das war nicht immer so, denn John Knox predigte für jeden das Recht auf die beste Bildung: Jeder sollte in der Lage sein, dem Gottesdienst zu folgen und die Bibel zu lesen. In Kombination mit dem calvinistischen Ideal der Eigenverantwortung sorgte dies über drei Jahrhunderte für einen europaweiten guten Ruf schottischer Erziehung.

John Knox, der Gründer der „The Kirk" genannten Church of Scotland

135

❌ Tower Houses

Danzig-Willy, so lautete der Spitzname von William Forbes. Der Bruder des Erzbischofs von Aberdeen war durch den Ostseehandel vor allem mit den baltischen Ländern reich geworden, in einer Zeit – der ersten Hälfte des 17. Jahrhunderts –, die als die „goldene" in die schottischen Geschichtsbücher eingegangen ist. Er suchte und fand einen angemessenen Wohnsitz nahe Aberdeen, in einem Seitental zwischen Dee und Don. Dort, zwischen Weiden und Forellenbächen, hatte ein verarmter Adliger mit dem Bau eines Turmhauses begonnen. Es vereinigt hinter dicken, wehrhaften Mauern und unter einem möglichst kleinen Dach – die Highlands waren rar an Bauholz – möglichst viele Räume. Forbes übernahm die Baustelle samt allen Adelsrechten, was es ihm unter anderem erlaubte, das königliche Wappen an seinen Mauern anzubringen. Es entstand ein Wohnturm wie ein Märchenschloss, sieben Stockwerke hoch, mit übereinandergestapelten Gemächern und Wendeltreppen – kein Zentimeter Raum durfte un-

genutzt bleiben. Trotzdem ist keine Beengtheit zu spüren, nur die Treppen sind so schmal, dass scharfe Zungen davon sprachen, dass alle Mitglieder der Forbes-Familie das Haus zwar durch die Tür betreten, jedoch durch ein Fenster verlassen mussten – jedenfalls auf ihrem letzten Weg in einem für die Stiegen zu sper-

Rund 700 Turmhäuser sind in Schottland erhalten oder nachweisbar.

rigen Sarg. Sicherlich war dies nicht der Grund dafür, die Burg 1963, nach 350 Jahren, an eine staatliche Stiftung zu verkaufen, die sich um das nationale Erbe des Landes kümmert.

Rund 700 dieser meist schlichten Wohntürme sind in Schottland erhalten oder nachweisbar. Ursprünglich im Mittelalter während der Grenzkriege mit England aus militärischer Notwendigkeit erbaut, erlebten sie im 17. Jahrhundert eine Renaissance. Das Tower House ist keine schottische Erfindung, jedoch im Lande des Dudelsacks weiter verbreitet und länger in Mode als anderswo auf der Welt.

Wallace, William

Es war eine der grausamsten Hinrichtungen in der englischen Geschichte, exerziert an dem schottischen Freiheitshelden William Wallace. Er war verraten worden. Man hatte ihn am 5. August 1305 in der Nähe von Glasgow gefangen genommen, an ein Pferd gebunden in zwei Wochen nach London gebracht und des Landesverrats angeklagt. Das Urteil stand schon fest: Tod durch Hängen, Strecken und Vierteilen. Auch nach seiner Hinrichtung sollte er noch zur Abschreckung dienen, man schickte seine vier Gliedmaßen an je eine schottische Stadt, der Kopf blieb in der Hauptstadt, er wurde an der London Bridge aufgespießt und hing dort, bis er verwest war.

Bei seinem Prozess erklärte er: „Ich kann kein Verräter sein, denn ich habe niemals dem König von England Treue geschworen."

Womit hatte William Wallace ein solches Schicksal verdient? Geboren um 1270 im Südwesten Schottlands, wird der künftige Nationalheld in einer Zeit zum Mann, die durch das Streben Englands nach Beherrschung seiner Nachbarländer geprägt ist. König Eduard I., der von den Schotten gerufen wurde, um aus dreizehn Thronanwärtern einen König zu wählen, leitet daraus sein Recht zur Oberherrschaft über den nördlichen Nachbarn ab. Die Schotten proben den Aufstand, Wallace organisiert den Widerstand gegen das englische Joch. Nach einem glanzvollen Sieg an der Brücke von Stirling 1297 scheint die Freiheit gewonnen, doch Eduard bringt dem nun als „Hüter des Reiches" betitelten Wallace schon im folgenden Jahr die entscheidende Niederlage bei. Wallace muss fliehen, wahrscheinlich hält er sich längere Zeit in Frankreich auf, sucht Unterstützung sogar beim Papst und wird schließlich verraten.

Ein Stoff wie gemacht für eine Verfilmung, dachte sich Mel Gibson, der William Wallace' Leben und Sterben 1995 unter dem Titel „Braveheart" („tapferes Herz"), dem Beinamen des furchtlosen Schotten, in die Kinos brachte. Mehr noch als ein 67 Meter hohes Monument bei Stirling sorgt er für die Unsterblichkeit des schottischen Helden.

Mel Gibson als Titelheld in dem mit fünf Oscars ausgezeichneten Film „Braveheart"

 # Whisky

Das schottische Nationalgetränk ist der Whisky. Er unterscheidet sich vom irischen und amerikanischen Whiskey schon dadurch, dass er nur mit -y und nicht mit -ey geschrieben wird. Das Rezept zu seiner Herstellung kam vermutlich, ebenso wie das Christentum, aus Irland. Spötter meinen, das eine habe mit dem anderen zu tun. Spätestens seit dem 15. Jahrhundert wird er in Schottland gebraut – aus dieser Zeit stammt jedenfalls der älteste urkundliche Beleg.

Vorsicht: Ein Schotte ist ein „Scot", kein Scotch!

Dort ist auf Lateinisch von „aqua vitae" die Rede, dem Wasser des Lebens, auf Gälisch „uisge beatha", woraus sich der heutige Begriff entwickelte. Er wurde damals in den kleinsten Hütten gebrannt, erst 1579 wurde ein Gesetz erlassen, das regelte, wem das Destillieren erlaubt war und wem nicht. Die Situation für die Liebhaber des hochprozentigen Getränks verschlechterte sich weiter, als der Staat vor etwa 350 Jahren erstmals auf die Idee kam, eine Steuer auf Alkoholika zu erheben. Alle Proteste verhallten, selbst der berühmte Hinweis des Nationaldichters der Schotten, Robert Burns, „Freiheit und Whisky gehen zusammen", rührte den Gesetzgeber nicht. Das Lebenswasser, für viele die pure Medizin, verteuerte sich so sehr, dass es sich trotz drakonischer Strafen lohnte, schwarz zu brennen. Es war wie ein Kampf gegen Windmühlen, den die feinen Herren in London nicht gewinnen konnten: Illegale Brennereien schossen wie Pilze aus dem Boden, von bis zu 14 000 Produktionsstätten ist die Rede. Das änderte sich erst 1823, als per Gesetz verfügt wurde, dass jedem eine offizielle Lizenz zuteil werden würde, der eine jährliche Gebühr sowie eine für jede Gallone gebrannten Whiskys zahlen würde. Dies ist der Grund, warum viele der noch heute produzierenden Destillerien ihr Gründungsdatum mit einem der darauffolgenden Jahre angeben. Dass sie inzwischen auf eine beinahe 200-jährige Tradition zurückblicken können, haben sie auch zu einem

Das Beste, was aus einem Gerstenkorn werden kann: Whisky

nicht unerheblichen Teil einem kleinen Insekt zu verdanken, einer Art aus der Familie der Zwergläuse: der Reblaus. Der kleine Schädling vernichtete vor etwas mehr als hundert Jahren große Teile der französischen Weinanbaugebiete, was nahezu ein Erliegen der dortigen Weinbrandproduktion zur Folge hatte. England, bis dato größter Abnehmer von Cognac und Co., lag plötzlich auf dem Trockenen – die Erfolgsgeschichte des schottischen Whiskys begann. Das Nationalgetränk der urigen Wilden

aus Britanniens Norden wurde in kürzester Zeit hoffähig, die Herstellung boomte.

Wie Weinanbaugebiete gibt es auch beim Whisky eine – wenn auch nur grobe – Einteilung nach Regionen, deren Erzeugnisse sich durch einen ähnlichen Charakter auszeichnen. Man unterscheidet Islay, Lowlands, Highlands und Campbeltown. Es heißt, dass die Destillate aus Islay, der Irland nächsten Insel der Hebriden, besonders leicht zu erkennen seien: Sie schmecken kräftig, scharf und torfig. Dagegen empfinden Kenner die Lowland-Sorten in der Regel als fruchtig, leicht und trocken, was mit der speziellen Brenntechnik, einer dreifachen Destillation, erklärt wird. Die Whiskys der Highlands, zu denen alle Inseln außer Islay zählen, variieren sehr stark, aber gelten grundsätzlich als stark parfümierte Vertreter ihrer Art. Leicht salzig schmecken hingegen die drei noch existierenden Vertreter aus Campbeltown, dem einstigen Zentrum der Whisky-Herstellung, das im Süden der Halbinsel Kintyre liegt.

Egal, woher das Lebenswasser auch kommt: Als schottisch, als „Scotch", darf es gehandelt werden, wenn es mindestens drei Jahre in Eichenholzfässern in Schottland gereift ist und außerdem mehr als 40 Prozent Alkohol enthält. Es gibt drei Sorten, die sich durch ihre Inhaltsstoffe unterscheiden: Malt Whisky, der aus Wasser, Hefe und reinem Gerstenmalz entsteht, Grain Whisky, für den auch ungemälzte Gerste, Weizen oder Mais verwendet werden, und die Mischung aus beidem. Dieser

Wichtig für den Geschmack: die Form der Destillierkolben

sogenannte Blend Whisky macht den größten Teil der Produktion aus. Als Spitzenprodukte gelten die Single Malts, Malt-Whiskys, die aus einer einzigen Destillerie stammen müssen. „Trinke niemals Whisky mit Wasser und nie Wasser ohne Whisky", sagt ein schottisches Sprichwort, doch entspricht dies nicht der Wahrheit. Selbst Kenner verdünnen ihren Whisky mit einem Schluck klaren Wassers – dies soll den Geschmack erst richtig zur Geltung bringen. Die Haare des Genießers stehen allerdings dann zu Berge, wenn er mitansehen muss, dass die Schotten ihren „dram", „tot", „nip" oder „spot", eben ihren Schluck Whisky, mit einem Glas Bier oder – Herr-sei-bei-uns – sogar mit Limonade vermischt herunterspülen. Dafür werden ihnen schon kurz nach der Geburt, so soll es jedenfalls noch auf einigen Inseln der Highlands der Fall sein, die Köpfe mit einigen Tropfen des hochprozentigen Lebenswassers eingerieben. Der Schotte an sich hat schon seit jeher ein besonderes Verhältnis zu seinem Nationalgetränk: Chroniken berichten, dass der Geistliche, der 1746 vor der alles entscheidenden Schlacht gegen die Engländer bei Culloden die Eucharistie feierte, statt Brot Hafermehlkuchen brach und im Kelch Whisky reichte. Es half nichts: Sie verloren trotzdem – oder vielleicht gerade deswegen?

Schottische Brennereien stellen etwa 2000 verschiedene Malts, Blends und Vats, Mischungen verschiedener Malt Whiskys, her.